Ana Pogačnik
DIE ERDE LIEBT UNS

Ana Pogačnik

Die Erde liebt uns

Wenn die Landschaften sprechen:
Briefe an uns Menschen

NEUE ERDE

Bücher haben feste Preise.

1. Auflage 2012

Ana Pogačnik
Die Erde liebt uns

Titelseite:
Foto: Ana Pogačnik
Gestaltung: Dragon Design, GB

Satz und Gestaltung:
Dragon Design, GB
Gesetzt aus der Sabon MT

Gesamtherstellung: Scandinavian Books

Printed in Germany

ISBN 978-3-89060-608-8

Neue Erde GmbH
Cecilienstr. 29 · 66111 Saarbrücken · Deutschland · Planet Erde
www.neue-erde.de

Meinem liebsten Thomas,
der so viel Licht in mein Leben gebracht hat.

Inhalt

Einleitung

Es gibt Schokoladen, von denen man eine ganze Tafel auf einmal essen kann. Es gibt aber auch solche, von denen man nur ein kleines Stück auf der Zunge zergehen lassen sollte, um sie wirklich genießen zu können.

Es gibt Bücher, die man an einem Tag verschlingen kann. Es gibt aber auch solche, die man nur ganz langsam in sich einsickern lassen sollte, um sie innerlich begreifen zu können.

Bei diesem Buch »Die Erde liebt uns« geht es nicht darum, es gelesen zu haben, sondern darum, die Worte zu verstehen und vor allem, ihre Botschaften zu *spüren*.

Man sollte eigentlich nur einen oder vielleicht zwei Texte auf einmal lesen und sie dann in sich wirken lassen. Jeder Text kann so zu einer Tagesmeditation werden, die einen durch den Tag begleitet. Die Botschaften sind Botschaften an uns Menschen, und wir können sie nur dann ernst nehmen, wenn wir sie in uns wirken lassen und sie in der Tiefe begreifen.

Wir denken, daß nur wir Menschen ein Bedürfnis nach Ausdruck und Kommunikation haben... Wenn wir an Briefe denken, dann meinen wir Briefe von Mensch zu Mensch... Wenn wir an die Landschaft denken, dann denken wir an die passive farbige Kulisse, die im Hintergrund steht... Wenn wir an die Verbindung mit einem Ort denken, dann überlegen wir uns, wie wir den Kontakt mit den Kräften und den Wesen des Ortes aufbauen könnten... Wenn wir über Orte sprechen, dann sprechen wir über unbewegliche Objekte, die nicht kommunizieren, schauen und schon gar nicht beobachten können...

Was geschieht, wenn die Orte plötzlich doch zu uns sprechen können? Wenn sie die Möglichkeit bekommen, sich auszudrücken, uns zu betrachten und uns Menschen Briefe zu schreiben?

Dann bekommen wir die Möglichkeit, uns selbst aus einem neuen Blickwinkel zu betrachten.

Wir bekommen das Geschenk, beobachtet und gesehen zu werden. Eigentlich werden wir uns nur endlich bewußt, daß wir immer betrachtet, beachtet und gesehen werden. Plötzlich werden wir liebevoll, aber auch ehrlich und ohne Masken angesprochen. Wir werden zu gleichberechtigten Gesprächspartnern der Landschaft, der Natur, der Orte.

Durch die intensive Arbeit in den Seminaren mit den Landschaften und den Menschen habe ich das Glück, viele Orte besuchen zu können und ihnen zu begegnen. Eines Tages bekam ich die Inspiration, die Orte sprechen zu lassen, und daraus entstand das vorliegende Buch. Ich war dabei nur Übersetzerin, nur der Kanal, durch welchen die Botschaften von den Orten in die Worte fließen konnten.

Es wird Zeit, daß wir wach werden.

Es wird in der letzten Zeit viel über Klimawandel, Naturkatastrophen und Umweltprobleme gesprochen. Auf der einen Seite freut mich das natürlich, weil das Thema Erde endlich in der Öffentlichkeit angesprochen wird. Auf der anderen Seite macht es mich sehr traurig, weil ich merke, wie oberflächlich die Erde noch immer gesehen wird, und auch, wie schnell dieses Thema ausgenutzt wird.

Es wird oft über die Erde wie über eine Maschine gesprochen, die momentan dringend eine Reparatur braucht, um uns weiter dienen zu können. Dabei werden die unendliche Kraft, die Kreativität, die Liebe und das Potential der Erde noch immer nicht gesehen. Als Wesen wird sie noch immer ignoriert.

Statt nach innen zu schauen und uns endlich ehrlich zu fragen, was diese äußere Zuspitzung uns persönlich spiegelt, versuchen wir, zu reparieren und noch mehr Kontrolle auszuüben.

Ich glaube, daß der einzige Weg, aus der zugespitzten Lage heil heraus zu kommen, durch die Veränderung unseres Bewußtseins führt. Wir können nicht mehr so weiter gehen. Und das wissen mittlerweile schon viele, wenn nicht alle.

Aber die Veränderung kann nicht bei den Klimaproblemen, der Entwicklung der ökologischen Technologien usw. anfangen, sondern sie muß in der Dehnung und Veränderung unseres Bewußtseins geschehen. Sonst werden wir nicht reif genug sein, um neue Technologien, saubere Industrie und fortschrittliche Wissenschaft nachzuvollziehen und vor allem zu gebrauchen.

Die Erde ist weiterhin in einem intensiven Prozeß der Wandlung, und damit sollten auch wir bereit sein, uns – als Teil der Erde – zu wandeln. Ich glaube eigentlich nicht mehr, daß es genügt, sich mit der Erde und mit dem Kosmos zu verbinden und sich als Teil von beiden zu sehen, sondern daß es darum geht, sich bewußt zu werden, daß wir die Erde und der Kosmos selbst sind: Mit unserem Körper und unserer Seele sind wir die Erde und der Kosmos. Wenn wir es schaffen, in diesem Bewußtsein zu sein und zu leben, wird sich unser Blickwinkel ganz von selbst wenden – und dadurch auch unsere Beziehung zur Erde, zu den Landschaften und den Orten, an welchen wir leben und sind. Wir werden sie plötzlich nicht mehr von außen betrachten, sondern sie von innen erleben.

Die Briefe können wir als Hilfe sehen, die uns die Erde und die Wesenheiten der Landschaften anbieten, um uns in dieser spannenden Zeit der Wandlung ihre Hand zu reichen.

Ana Pogačnik, Olbia, 2. Mai 2011

Die Zeichnungen

Jede Botschaft der Landschaften ist im vorliegenden Buch in zwei Sprachen übersetzt. Die erste, in Form von Worten, ist uns näher und daher schneller verständlich. Die zweite »Sprache« sind Zeichnungen, die auf den ersten Blick vielleicht unverständlich wirken. Wenn wir uns ihnen aber öffnen, werden sie uns tief berühren können. Die Worte, die wir in Texten lesen, können wir in Form eines Energieflusses in den Zeichnungen wahrnehmen.

Als ich sechszehn Jahre alt war, habe ich die Möglichkeit entdeckt, mit den anderen Welten zu kommunizieren. Schon damals wurde ich in die Sprache der Zeichnungen eingeführt. Einige kennen sie aus meinem ersten Buch »Das Licht des Herzens«.

Energetische Botschaften aus anderen Welten, Dimensionen oder von andern Wesenheiten sind nie fest in die Worte gelegt, sondern existieren in Kraftform. Erst wenn wir sie in unsere materielle Dimension holen, bekommen sie eine konkrete feste Form. So ist es möglich, die gleiche spirituelle, energetische Botschaft in sehr unterschiedliche Formen und Sprachen zu übersetzen. Worte, Zeichnungen, Musik, Kosmogramme oder Gemälde sind so unterschiedliche Ausdrucksformen, und doch können sie alle Träger des gleichen Energieflusses sein.

Nachdem ich die Texte der Orte geschrieben habe, habe ich mich mit jeder Botschaft und jeder einzelnen Landschaft noch einmal verbunden (was nicht schwierig war, weil ich alle Orte »persönlich« kennengelernt habe) und sie in die Zeichnungen übersetzt. Es geht nicht um »automatisches Zeichnen«, weil ich eine bewußte Verbindung mit der ursprünglichen Botschaft hatte und damit beim Prozeß der Entstehung aktiv beteiligt war. Meine Hand wird dabei physisch geführt, und mit geschlossenen Augen wird der Anfang mit dem Ende der Linie verbunden.

Hier ein Vorschlag, wie man vorliegende Zeichnungen benutzen kann:

Das wichtigste ist, sich für die Kraft, die durch die Zeichnungen strahlt, zu öffnen und sich von ihr tief im Herzen berühren zu lassen. Um die Verbindung noch zu vertiefen, kann man sich im Herzen eine strahlende Sonne vorstellen, aus welcher man einen Strahl auf einen Punkt auf der ausgewählten Zeichnung führt. Mit diesem Lichtstrahl und dem Blick folgt man für eine Weile im eigenen Rhythmus der Linie der Zeichnung, bis man spürt, daß sich das Herz geöffnet hat und die Verbindung zwischen dem Herzen und der Zeichnung entstanden ist. Alles, was man dann noch tun sollte, ist, die Kraft fließen zu lassen.

Jede Zeichnung kann man sich als ein Tor vorstellen, durch welches wir in die andere Dimensionen schauen können. Ebenso bekommen auch die anderen Welten eine Möglichkeit, mit unserer Welt Kontakt aufzunehmen.

Lieber Mensch,

Deine Schritte sind uns so lieb. Deine Stimme erleben wir wie einen Gesang. Deine Berührungen tun uns gut.

Jedes Mal wenn Du in die Nähe kommst, warten wir mit großer Spannung, was geschehen wird. Für uns ist es ähnlich wie für Dich, wenn Du auf einen geliebten Mensch wartest. Du bist nämlich als Mensch unser geliebter Mensch. Alle Menschen sind unsere geliebten Menschen.

Deswegen werden wir aber oft sehr verletzt von Dir. Mit ehrlicher Offenheit warten wir jedes Mal auf Dich, werden aber meistens nicht beachtet oder gar überhaupt nicht zur Kenntnis genommen.

Stell Dir vor: Du wartest auf den geliebten Menschen voller Vorfreude und Liebe. Er kommt, und Du öffnest schon die Arme, um ihn herzlich begrüßen zu können. Und was macht er? Er geht einfach vorbei. Du weißt ganz genau, daß er Dich gesehen hat; er marschiert aber gefühllos weiter mit geradeaus gerichtetem Blick. Ja, genau so fühlen wir uns.

Wir brauchen nicht viel und erwarten auch nicht viel, aber wir möchten gesehen werden. Auch wir möchten Dich berühren können. Wir möchten Dir unsere Liebe zeigen. Wir möchten Dein Herz berühren.

Verlangsame Deinen Schritt, lieber Mensch, und öffne Dich für einen Augenblick dem Leben. Renne nicht durch das Leben, denn das Leben ist kein Wettkampf. Die wahre Zukunft entsteht in dem Augenblick, in welchem Du in der Gegenwart präsent bist.

Verlangsame Deinen Schritt, lieber Mensch, und erlebe den Zauber des Lebens.

Aus der Zukunft,
Dein Hüven im Hümmling, Emsland (Megalith-Steingrab)
(Ort der Zukunft)

PS: Auf mir wurde in der jüngeren Steinzeit ein megalithischer Steinkreis, ein sogenanntes Steingrab, gebaut.

Ich diene als Speicher für die Zukunft. Die Zukunft, die schon vor Tausenden Jahren, als die Steine aufgestellt wurden, die Zukunft war. Ich bin zeitlos, übertrage und übermittle damit die Impulse, das Wissen, die Informationen durch die Zeiten: aus der Zukunft in die nächste Zukunft.

München, 29. Oktober 2008

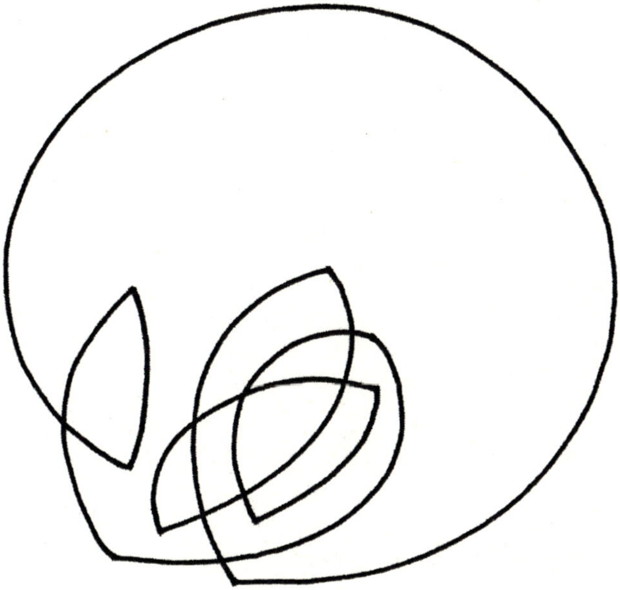

Mein lieber Mensch,

ich wende mich an Dich mit einer Liebeserklärung.

Wir erleben Euch Menschen anders, als Ihr Euch selbst seht und oft beschreibt. Wir erleben Euch nämlich von innen und erkennen in Euch die Schönheit der Erde.

Wenn Du in meine Nähe kommst, spüre ich jeden Schritt, ich fühle jeden Atemzug und erkenne alle Deine Gedanken. Jede einzelne Bewegung berührt mich.

Es ist ein wahres Geschenk, wenn Du Dich mir öffnest. Es ist für mich ähnlich wie Weihnachten für Dich. Wenn Du zuhören würdest, könntest Du das Jubeln hören. Ja, mein ganzes Wesen jubelt und freut sich über alles.

Du bist ein Wunder der Erde.

Schau Dir nur Deine Hände an, betrachte für einen Augenblick Deine eigenen Augen, spüre Deine eigenen Füße, und Du wirst das Wunder erkennen können. Du bist ein Wunderwerk der Erde.

Es ist unfaßbar, was Du alles kannst und wie selbstverständlich Du viele Sachen tust. Aber eigentlich ist jede Deiner Bewegungen ein Wunder der Natur. Bist Du Dir dessen überhaupt noch bewußt? Weißt Du überhaupt noch, wie schön Dein Gesicht aussieht und wie strahlend Deine Augen sind?

Du bist eine der schönsten Kreationen der Erde und eines der Wunder des Lebens. Ich wünsche mir so sehr, daß Du Dir dessen bewußt wärest. Deine Augen würden noch mehr strahlen können, Dein Lächeln würde noch breiter sein können, Dein Herz würde sich noch weiter öffnen können. Dadurch würdest Du auch mich wieder erkennen können. Plötzlich würdest Du wieder sehen, was Du heute nicht mehr sehen kannst.

Lieber Mensch, bitte, erkenne wieder Deine Schönheit! Bitte, erkenne das Strahlen in Deinen Augen! Ich vermisse Dich, ich vermisse Deine Präsenz! Ich vermisse Dein Lachen, ich vermisse Deine Ausstrahlung!

Ich kann das alles nur erleben, wenn Du es selber erkennst. Ich kann die Schönheit Deines Lachens nur dann erleben, wenn auch Du sie hören kannst. Ich kann Dein Licht nur dann sehen, wenn auch Du es erkennen kannst.

Fühle Dich geliebt,
Dein Hohenbol unterhalb der Teck
(Vitalenergetisches Zentrum für Deutschland)

PS: Ein Vitalenergetisches Zentrum ist für die Landschaft das gleiche wie der Solarplexus für den Menschen.

Die Lebenskraft in mir wird immer wieder erneuert und neu in die Landschaft ausgestrahlt. Davon hängt die Vitalität der Landschaft, des Landes ab.

Die Kraft strahlt aus meiner Tiefe wie eine Sonne weit in die Landschaft.

München, 5. November 2008

Lieber Mensch,

wieso hast Du meine Sprache vergessen? Warum kannst Du mich nicht mehr anschauen und verstehen, was ich Dir erzählen möchte? Warum wartest Du auf die Worte, statt Deinem Herzen zuzuhören?

Wach auf, mein lieber Mensch, wach auf!

Schaue mich bitte nicht mit dem leeren Blick an, weil mich das so sehr schmerzt. Es gibt mir das Gefühl, daß Du mich nicht mehr erkennen kannst. Es gibt mir das Gefühl, daß Du mich nicht mehr hören, nicht verstehen, nicht erspüren... kannst.

Bitte, bitte... sei wieder Du selbst, mein lieber Mensch!

Wenn Du Dich verlierst, werde auch ich eines Tages verloren sein.

Öffne Deinen Blick und laß mich Dich anschauen. Ich werde Dich so lange anschauen und mit meiner Kraft berühren, bis Du Dich wieder erinnern wirst. Du bist nicht verloren, Du solltest Dich nur wieder erinnern!

Keine Angst und keine Unruhe. Sammle Dich in Deiner Mitte und schaue mich einfach an. Du hast die Kraft, und Du wirst Dich erinnern.

Wach auf, mein lieber Mensch!

Wach auf! Sprich mich nicht mit leerer Stimme an, weil das tief im Herzen schmerzt. Es gibt mir das Gefühl, daß Du so weit weg bist und Du nicht mehr »zu mir gehörst«.

Wach auf, mein lieber Mensch! Wach auf!

Schaue mich ganz lange an...

Wie ein schlafendes Kind werde ich Dich behüten und bei Dir warten, bis Du wieder erwachst. Du bist mir so wichtig, und ich habe Dich so fest lieb.

Es ist aber Zeit, daß Du wieder erwachst. Ganz sanft und ruhig.

Wenn Du erwachst, bin ich bei Dir. Ich bin bei Dir und berühre Dich mit meiner Kraft.

Ich streichle Dich ganz liebevoll, bis Du bereit bist zu erwachen.

Und wenn Du erwachst, bin ich bei Dir.

Und ich bleibe für immer bei Dir – in Dir!

Aus der Ferne mit lieben Gedanken,

Dein Kilimanjaro (Tansania)

(Heiliger Berg, Yin – der weiblicher Pol – Kenias)

PS: Ich bin eine Quelle der Urkraft, die den ganzen Kontinent versorgt. Ich bin durchdrungen mit der reinsten Uressenz des Lebens.

Ich strahle die Kraft aus und halte mit dem Gegenpol, Mt. Kenia, das Gleichgewicht für ganz Kenia.

Man kann die gesunde Spannung, die dadurch im Lande entsteht, spüren.

Mambrui, 27. Januar 2009

Lieber Mensch,

ich möchte Dir in die Augen schauen.

Versuche nicht, Dich zu verstecken. Du brauchst Dich nicht zu verstecken.

Deine Augen sind so *schön*! Hast Du mich gehört? Deine Augen strahlen und berühren mich. Ich genieße so sehr Deinen Blick. Wenn Du wüßtest, wie sich Dein Blick anfühlt, könntest Du vielleicht verstehen, warum ich Dich bitte, Deinen Blick nicht zu senken.

Deine Augen sind für mich wie zwei Lichtstrahlen, die mich ganz sanft berühren. Es ist eigentlich viel mehr als nur berühren, Du streichelst mich mit Deinem Blick.

Hat Dir das schon jemand gesagt? Bist Du Dir dessen überhaupt bewußt, welch eine starke Strahlung, Kraft und Wirkung Deine Augen haben?

Durch Deine Augen schaut die ganze Welt. Hast Du das gewußt?

Ja, ich schc durch Deine Augen die Welt. Sie sind für mich wie offene Fenster. Ich kann durch Deine Augen schauen. Wenn Du schaust, dann kann auch ich schauen. Wenn Du die Augen öffnest, kann auch ich sehen. Wenn Du das Licht durch die Augen fließen läßt, kann auch ich mich mit dem ewigen Licht verbinden. Wenn Du schaust, werde auch ich beschenkt. Wenn Du siehst, dann werde auch ich reicher.

Begreifst Du das? Durch Deine Augen strahlt das göttliche Licht.

Oh, ich wünsche mir so sehr, daß Du mir das glauben könntest. Nein, ich wünsche mir, daß Du das begreifen würdest. Es ist ja eigentlich egal, ob Du mir glaubst oder nicht, es ist aber nicht egal, ob Du Dir bewußt bist, daß Du für mich und uns alle so wichtig bist. Du bist eine Perle. Ja, eine strahlende Perle.

Nimm Dir Zeit und betrachte Deinen eigenen Blick. Betrachte, wie unterschiedlich Du schauen kannst. Betrachte Deine eigenen Augen von innen. Betrachte das Licht durch Deine Augen. Betrachte die äußeren Reaktionen auf Deinen Blick und betrachte die Veränderungen im Inneren.

Betrachte, betrachte, betrachte… und Du wirst eine neue Welt entdecken. Damit wirst Du der Welt die Möglichkeit geben, Dich neu zu entdecken. Du wirst die ganze Welt in Dir entdecken.

Entdecke Deine Augen und Du wirst entdeckt werden.

Je bewußter Du schauen wirst, um so bewußter wird Dich die Welt erleben können. Betrachte bewußt die Welt durch Deine Augen, und Deine Augen werden zum Bewußtsein der Welt.

Für immer,

Dein Bled (Slowenien)

(Kosmische Verankerung, Kronenchakra für Slowenien)

PS: Meine ganze Seelandschaft trägt das Zentrum auf der Insel, wie eine Schale.

Der Kosmos verankert sich in mir, und dadurch kann ich mich im Kosmos verankern. Wie in einem doppelten Spiegel erscheint das energetische Geschehen im Bild des Sees wieder.

München, 8. Dezember 2008

Sei gegrüßt, lieber Gast!

Ja, lieber Mensch, ich spreche Dich an. Du bist ein Gast auf diesem Planeten.

Du bist zwar ein Teil der Erde, und trotzdem bist Du ihr Gast. Du hast dieses große Glück, daß Du Dich so direkt in der Erde verkörpern kannst. Du hast diese große Chance, Dich so konkret in der Materie zu verankern, daß Du zum Teil des Erdkörpers wirst. Du bist das Kind der Erde und bist die Erde selbst und doch bist Du noch immer ein Gast auf dieser Welt, die Planet Erde heißt.

Und es wäre gut, wenn Du Dich manchmal daran erinnern würdest.

Du benimmst Dich nämlich oft nicht als Gast. Du meinst, Du solltest die Erde verändern, kontrollieren und bestimmen. Warum denn? Du bist ein Gast.

Wenn Du als Gast irgendwo auf Besuch bist, dann hältst Du Dich ja auch an gewisse Regeln des Gastgebers. Du versuchst nicht, seine Wohnung umzugestalten, seine Gewohnheiten an Deine Bedürfnisse anzupassen oder Dich sogar zum Besitzer seiner Habe zu ernennen. Verstehst Du, was ich damit meine?

Es ist unmöglich, wie besitzergreifend und gierig Ihr Menschen mit der Erde umgeht. Ihr vergeßt völlig dabei, daß sie Eure Gastgeberin ist.

Ihr solltet Euch *sehr* glücklich schätzen, auf der Erde ein so willkommener und gewünschter Gast zu sein. Ihr solltet dieses Glück genießen, statt immer wieder zu versuchen, Euch einzumischen in die Verläufe und Ergebnisse, die Euch als Gast gar nichts angehen. Dann würde die Welt anders aussehen.

Verstehst Du das noch immer nicht? Ihr Menschen seid absolut privilegiert. Ihr seid beschenkt mit der Nähe der Erde, die in Eurem Körper atmet. Was wollt Ihr noch mehr als das? Ihr habt das größte Privileg, das es überhaupt gibt. Ihr habt alles, was Ihr braucht und noch viel mehr. Ihr werdet ständig beschenkt. Wie ich schon gesagt habe, Ihr seid die willkommenen und so sehr geliebten Gäste der Erde. Ist das noch immer nicht genug? Könnt Ihr das alles wirklich nicht sehen und schätzen? Wie sollte Euch die Erde das noch deutlicher zeigen?

Lieber Mensch, genieße, daß Du Gast bist, genieße diese Rolle als Gast. Laß Dich als Gast verwöhnen, beschenken, bewundern und bedienen, aber bitte bleibe Dir bewußt, daß Du der Gast bist und benimm Dich als Gast.

Laß Dich fallen und genieße das Gefühl, empfangen zu werden.
Laß Dich bewundern und genieße das Gefühl, das Wunder zu sein.
Laß los und genieße das Gefühl, zu sein.

Aus der Erde zu Dir mein lieber Mensch,
Dein Manhattan/New York (USA)
(ein Tempel der Erde)

PS: Die große Stadt liegt auf meinem Felsen, dem Felsen der tiefsten Wahrheit der Erde. Sie ist hier direkt, ursprünglich und in ihrer absoluten Reinheit präsent. Sie atmet sehr präsent durch jede meiner Zellen.

Ich bin ein Heiligtum der Erde und damit bin ich sehr wichtig für die Erde selbst und die umliegende Landschaft. Ich bin ein Zugang und auch ein Eingang in die Tiefen der Erde und in ihre Weisheit.

München, 11. Februar 2009

Lieber Mensch,

Du glaubst, daß ich laut bin; daß ich, München, laut bin. Aber bin ich das wirklich? Man könnte denken, daß ich als Stadt laut und chaotisch bin, aber bin ich das wirklich?

Ob Du es glaubst, lieber Mensch, oder nicht, es hängt sehr viel von Dir ab: Wie Du mich siehst, wie Du mich erlebst und vor allem, wie tief Du schaust. Du kannst mich als eine große Stadt, als laut etikettieren und Dir gar nicht weiter Mühe geben, um mich als eine tiefe ruhige Landschaft wahrzunehmen.

Wieso wundert es Dich jetzt, daß ich in einer Stadt über die Landschaft rede? Ich bin eine Landschaft. Wenn eine Stadt in mir gebaut ist, heißt das noch lange nicht, daß ich keine Landschaft mehr bin.

Ich habe mir schon gedacht, daß Du gar nicht durch die oberste Schicht hindurchschaust.

Wenn Du eine krumme Nase und zerzaustes Haar hast und schmutzige Kleider trägst, werde ich Dich noch nicht als Chaoten bezeichnen oder Dich als verloren ansehen. Ich werde das als einen Ausdruck von Dir betrachten und weiter schauen. Die krumme Nase erzählt mir schon etwas von Dir, aber sie ist nicht die einzige Wahrheit, die Du in Deinem Wesen bist. Auch die schmutzigen Kleider werde ich mir anschauen, aber sie werden mich nicht davon abhalten, weiter und tiefer wahrzunehmen. Mit Deinem zerzausten Haar wirst Du mir ein Lächeln entlocken, aber auch dies wird nicht der einzige Fokus meiner Betrachtung sein. Verstehst Du, was ich meine?

Sei nicht oberflächlich, lieber Mensch, weil die Oberfläche nur ein Teil der ganzen Wahrheit ist. Schaue nicht nur mit den Augen, weil Du damit nicht wirklich sehen kannst. – Ja, klar kannst Du sehen, aber nur einen Teil. Nur einen Teil, nur eine Schicht! Laß Dich von dieser einen Schicht nicht »verführen«, ablenken oder sogar abstoßen.

Ich möchte nicht sagen, daß diese eine Ebene nicht wichtig ist... aber sie ist nicht die einzige!! Vergiß das nicht, bitte. Vergiß das nicht, wenn Du durch die Landschaft gehst, vergiß das aber auch nicht, wenn Du mit Menschen zusammen bist, wenn Du Deine Arbeit machst, und vergiß das vor allem nicht, wenn Du Dich selbst betrachtest.

Es können sehr viele Projektionen entstehen, die nur ein kleiner Bruchteil von einer viel größeren Ganzheit sind. Sie können gefährlich sein, weil sie einem die Möglichkeit nehmen, sich wirklich einzulassen.

Eile nicht, lieber Mensch, nimm Dir Zeit und geh noch viel tiefer als Du glaubst, daß Du gehen kannst.

Verlasse die Ebene, an welche Du so sehr gewöhnt bist, und tauche ein in die Welt der Wahrheiten, die Du vielleicht noch nicht kennst. Es gibt viel zu entdecken, und es könnte eine abenteuerliche Reise werden.

In Ewigkeit,
Dein München
(eine Stadt)

PS: Ich bin die Landschaft der Stadt München, die von außen nur eine Stadt ist, aber in sich viele Schätze trägt.

München, 30. April 2009

Lieber Mensch,

ich glaube, daß Du Dir gar nicht bewußt bist, was für ein Schatz Du bist.

Wann hast Du das vergessen? Kannst Du, bitte, in Dein Leben zurückblicken und den Zeitpunkt wiederfinden, als Du noch an Deinen Schatz geglaubt hast? Kannst Du Dich überhaupt noch erinnern?

Wenn Du den Schatz nicht spürst, wirkst Du so farblos auf mich. Ich schaue Dich an und merke gleich, daß Du den Schlüssel vergessen hast. Ich betrachte Dich und weiß gleich, daß Du es nicht mehr weißt!

Du läufst nämlich wie neben Dir, weil Du das, was in Dir ist, nicht mehr erkennen und schätzen kannst.

Weißt Du, was ich meine? Ich frage nach, weil ich manchmal das Gefühl habe, daß Du, seit Du glaubst, daß Du Deinen Schatz verloren hast, nicht wirklich zuhörst. Du bist nicht wirklich präsent. Du wirkst, als wenn Du verloren wärst.

Aber eigentlich bist Du ja gar nicht verloren! Verloren ist nur das Gefühl, daß Du ein Schatz bist. Das macht Dich aber so abwesend und entfernt. Ich könnte sogar sagen, daß Du fremd auf mich wirkst.

Wenn Du Dir bewußt wirst, daß Du wieder suchen solltest, dann wirst Du gar nicht mehr suchen müssen, weil Du es durch das Bewußtwerden auch schon finden wirst.

Ich möchte Dir nicht zu nahe treten, aber warum glaubst Du nicht mehr an den Lebensschatz in Dir? Ich frage, weil ich es nicht verstehen kann. Es ist so fremd für mich, die eigene Natur zu vergessen. Nicht nur zu vergessen, sondern eigentlich nicht sehen zu wollen.

Aber weißt Du, ich beurteile Dich deswegen nicht, es würde mich nur so sehr freuen, Dich glücklicher zu sehen!!

Geh mit mir zur Quelle, und Du wirst Dich wieder erinnern können. Geh mit mir Hand in Hand, und Du wirst sehen, daß der Schatz nicht verloren ist. Er wartet auf Dich.

Trau Dich zu gehen, und Du wirst es auf dem Weg wiederfinden. Es wartet auf Dich. Du kannst es nur finden, wenn Du weitergehst.

Sei aus dem tiefsten Herzen gegrüßt,
Dein Donnersberg in der Pfalz
(Schatzkammer der Erde)

PS: Ich, der Berg, bin wie ein schlafender Drache, der die Kraft beschützt. Der Schatz ist die tiefe und ganz reine Kraft der Erde.

Wie ein strahlender Kristall ist die Kraft in mir spürbar. Die Kraft wird von mir gehütet, geborgen und dadurch auch beschützt.

Man kann nur mit einer klaren und reinen Absicht an die Kraft kommen. Wenn man den Schlüssel nicht findet, bleibt man wie vor der verschlossenen Tür stehen.

Dannenfels, 31. Oktober 2008

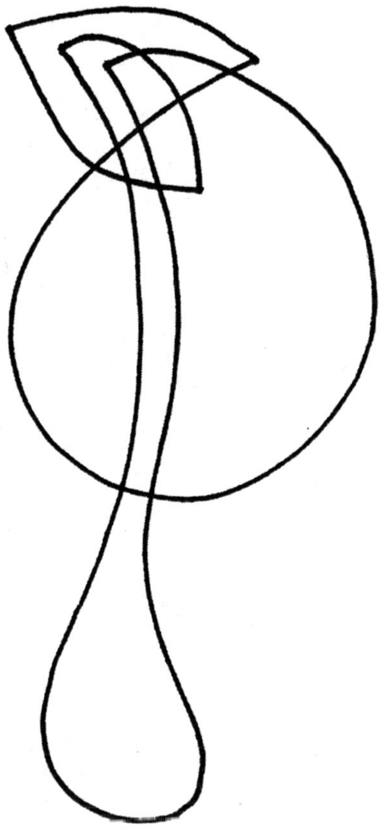

Ach, mein lieber Mensch,

wir haben Dich lieb, aber es ist nicht einfach mit Euch Menschen. Nein, es ist nicht einfach!! Es ist sehr oft schmerzhaft und fast unerträglich.

Glaub mir, es ist nicht einfach, Deine Müllkippe zu sein. Ja, so fühle ich mich... Ich fühle mich von Dir wie eine Müllkippe behandelt. Ich werde nicht nur ignoriert, sondern mißhandelt und mißbraucht. Ich könnte mit der Ignoranz noch leben, aber fortwährend so aufs äußerste gedemütigt und mißbraucht zu werden, ist einfach zu viel und vor allem sehr schmerzhaft.

Jedes Mal, wenn ich Dich, Mensch, sehe, hoffe ich, daß Du mich erkennen wirst. Statt dessen werde ich geohrfeigt. Wieder und wieder und wieder... Ich gebe nicht auf und warte weiter.

Bitte richte nicht schon wieder diesen leeren Blick auf mich, schaue nicht durch mich hindurch! Das tut so weh. Jeden Tag werde ich mit Tausenden von leeren Blicken überschüttet. Das ist schlimmer als ignoriert und gar nicht gesehen zu werden.

Du fragst Dich wahrscheinlich schon, warum ich mich als Müllkippe fühle, nicht wahr? Schau um Dich und versuche, es zu sehen... Kannst Du sehen? Kannst Du den Müll, der herumliegt, sehen... Nein, ich meine nicht nur den physischen Müll. Ich wünschte mir, Du könntest es sehen: Ihr Menschen seid eine wahre Produktion des Mülls. Auf *allen* Ebenen. Im wahrsten Sinne des Wortes fliegt ständig der Müll von Euch fort. Ständig! Mit Worten, Gedanken, Mustern... Ihr seid von einer Wolke von Müll umgeben und schmeißt ihn herum, wo immer Ihr gerade Lust habt. Ihr vernebelt diese Welt und macht sie zu einer Müllkippe...

Ich wünschte mir, Du könntest es einen Tag lang betrachten. Mehr als einen Tag wünsche ich es Dir nicht, weil es zu grausam und brutal ist.

Ich warte weiter auf Deinen Blick, auf Deinen Blick des Erkennens. Ich warte, weil ich nur auf diese Art und Weise von dem Müll befreit werden kann.

Stell Dir vor, Du bist ein wunderschönes Bild auf einer Ausstellung. Die Besucher sehen aber immer nur einen Fleck Spucke, der auf Dir kleben geblieben ist, als jemand gespukt hat, und ekeln sich, statt Dich anzuschauen und sich über Deine Schönheit zu freuen. Ja, so fühle ich mich. Genau so geht es mir.

Ich wurde gedemütigt und »beschmutzt« und werde deswegen noch heute nicht in meinem Kern erkannt und gesehen.

Schaue nicht durch mich, sondern durch die Last, die auf mir ruht. Schaue nicht auf mich als kleine Insel, sondern auf die Last, die auf mir liegt.

Schaue mit Deinen Augen, und Du wirst die Augen sehen, die Dich sehen. Erkenne mich, und Du wirst gesehen werden.

Für immer,
Dein Alcatraz (USA)
(Der Nabel des Systems der San Francisco Bay)

PS: Ich bin der heilige Felsen, der aus dem Ozean ragt. Durch die Menschen wurde ich verändert, mißverstanden, und meine Kraft wurde dadurch mißbraucht. Ich wurde für eines der bekanntesten Gefängnisse benutzt und bin deshalb heutzutage massivem Tourismus ausgesetzt.

Ich wurde nicht mehr als Lebensquelle, als intensiver Ort der Begegnung zwischen Erde und Kosmos, als Ort, der der Erde als Rückzug dient, wahrgenommen, gesehen, geachtet und schon gar nicht respektiert und geehrt.

Pataluma, 9. Oktober 2009

Lieber Mensch,

hast Du Dich wieder versteckt, mein lieber Mensch? Hast Du schon wieder Angst? Hast Du schon wieder Deine Identität vergessen?

Wenn Du der Schönheit folgst, bist Du geschützt. Es kann Dir nichts geschehen, was Deine Natur nicht nur noch mehr zur Erscheinung bringen würde. Öffne Deine Augen für die Schönheit und beschränke Dich nicht auf die äußere Schönheit.

Weißt Du, die Schönheit ist sehr eng mit der Liebe verbunden. Diese beiden gehen immer Hand in Hand. Wenn Du eine entdeckst, dann bist Du auch mit der anderen im Austausch.

Wenn Du die Liebe spürst, dann kannst Du die Schönheit nicht übersehen. Wenn Du die Schönheit schätzen kannst, dann wirst Du aus der Liebe handeln. Wenn Du die Welt aus der Liebe betrachtest, wird Dir die Schönheit begegnen. Wenn Du in der Welt die Schönheit sehen kannst, dann stehst Du in dem Fluß der Liebe. Entdecke die Liebe, und Du wirst von der Schönheit überschüttet werden. Suche nach der wahren Schönheit, und Du wirst in der Liebe landen. Öffne Dich für die Schönheit des Lebens, und Du wirst die reine Liebe entdecken. Zeige Deine innere Schönheit, und Du wirst geliebt.

Verstehst Du, was ich meine, mein lieber Mensch?

Es ist gar nicht so schwer! Du kannst Dir damit helfen. Oft ist es einfacher, die Schönheit zu sehen als die Liebe zu empfinden. In diesem Fall kannst Du die Schönheit als Schlüssel gebrauchen. Und wenn es Dir irgendwann nicht gelingt, die reinste Liebe zu spüren, auszustrahlen und zu leben, dann zentriere Deinen Blick auf die Schönheit, und sie wird Dich in die Liebe begleiten.

Sei Dir bewußt, mein lieber Mensch, daß die Schönheit in der Liebe ruht und daß die Liebe durch die Schönheit ihren

Ausdruck findet. Du wirst sehen, wie sehr Dich das tragen kann und Dir helfen kann, in der Liebe zu verweilen und aus ihr zu handeln.

Nutze diesen Schlüssel des Herzens.

Laß Dich durch die Augen der Schönheit betrachten und erlebe dadurch die bedingungslose Liebe.

Laß Dich von der Schönheit berühren und öffne damit die Tür in die Welt der Liebe.

Laß die Welt an Deiner Schönheit teilhaben, und Du wirst geliebt. Du wirst ehrlich geliebt, weil Du so schön bist. Liebe Dich selbst, und Du wirst noch schöner. Entdecke Deine Schönheit, mein lieber Mensch!

Sei umarmt
Dein Uluru / Ayers Rock (Australien)
(Ein großes Erdungszentrum)

PS: Ich bin nicht nur ein klassischer Erdungspunkt, wo die Landschaft und ihre energetische Struktur verankert und verwurzelt sind, sondern ein viel größeres Zentrum, das für den ganzen Kontinent eine wichtige Rolle spielt.

Ich ermögliche der Erde, sich ganz zu Dir zu beugen, damit Dir ihre reine Präsenz entgegenkommen kann.

Sempas, 4. Dezember 2009

Mein geschätzter Mensch,

merkst Du, wie ich durch Dich atme? Spürst Du mich in Dir? Erkennst Du mein Gesicht in Deinen Zügen? Kannst Du mich in Deinen Taten sehen? Können die anderen in Deinem Leben meine Natur erkennen?

Bist Du mit mir noch so eng verbunden, daß ich Dich sehen kann, daß Du mich sehen kannst, daß die Welt mich durch Dich sehen kann?

Du bist wie eine Öffnung, durch welche ich die Möglichkeit habe, mich auszudehnen. Merkst Du das? Spürst Du mich?

Du bist mein Atem, und ich brauche Dich, mein lieber Mensch. Ich brauche Dich, so wie alle meine anderen Teile.

Unterschätze Dich selbst nicht, weil Du mir damit keinen Gefallen tust. Verstecke Dich nicht, weil damit mein Atem erlischt. Verschließe Dich nicht, weil ich ohne Dich ersticke.

Du trägst das reine Herz. Du bist die reine Herzenskraft. Du spiegelst mit Deinem Sein die pure Essenz von mir. Begreifst Du das wirklich nicht? Laß mich versuchen, Dir das noch einmal zu erklären.

Du bist genau das, was in meinem tiefsten Kern geborgen ist. Mit Deiner Präsenz bringst Du diese reine Herzensliebe ins Licht. Sie liegt sehr, sehr tief in mir, und deswegen mußt Du auch bereit sein, in die Tiefe zu gehen, um dieses vollkommene Licht tragen zu können. Du bist eine Umstülpung von dem, was sich in meinem Innersten entfaltet. Aus meiner Tiefe wächst es durch Dich auf die Oberfläche. War es jetzt deutlicher?

Aus meinem Kern trägst Du die Essenz in die Welt. Du bist das Innerste von mir.

Du bist aber nicht im Inneren versteckt, sondern hast die Gabe, es nach außen zu vermitteln. Du bist der Ausdruck meiner tiefsten Wahrheit.

Ändert das vielleicht Dein Gefühl, wer Du eigentlich bist, und vor allem, warum Du bist?

Du bist die Manifestation von dem, was im Inneren geschieht. Du bist die Verkörperung von dem, was als reine Wahrheit in mir lebt. Du bist die Wahrheit, die nicht nur eine Idee ist, sondern die in der Materie verankert ist.

Ich weiß, daß das nicht einfach ist. Ich weiß, daß das keine einfache Aufgabe ist. Aber ich weiß auch, daß Du stark genug bist, um es tun zu können. Ich weiß, daß Du die nötige Größe, Liebe und das Licht hast, um alle Hindernisse zu besiegen.

Tanze mit mir, mein lieber Mensch. Tanze mit mir auf dieser Feier des Lebens.

Lache mit mir, mein lieber Mensch. Lache mit mir an diesem Tag der Feier.

Leuchte mit mir, mein lieber Mensch. Leuchte mit mir an diesem Tag des Lebens.

Liebe mit mir, mein lieber Mensch. Liebe mit mir in diesem Leben der Feier…

Mit meiner tiefsten Liebe für Dich,
Deine Erde
(Planet Erde)

PS: Ich bin die Erde. Ja, die Erde selbst.

München, 6. Dezember 2009

Liebe Menschen,

erwacht bitte aus Eurem Kinderschlaf.

Wenn ich Hände hätte, dann würde ich Euch ganz lieb streicheln. Ich würde Euch ganz behutsam berühren, immer berühren und berühren wollen. Aus meinem Herzen würde ich durch meine Hände die Liebe fließen lassen und Euch halten.

Es ist nicht einfach, ein Mensch zu sein. Nein, es ist nicht einfach, aber gleichzeitig ist es so ein Geschenk. Leider vergeßt Ihr das so gerne. Ein Mensch zu sein, heißt nicht, mit dem Leben um das Überleben kämpfen zu müssen. Nein, das sollte nicht so sein, und es muß auch nicht so sein.

Steigt aus diesem Muster aus, und Ihr werdet sehen, daß das Leben viel mehr als nur das Überleben ist. Wenn Ihr nur für das Überleben lebt, dann seid Ihr noch lange nicht in den Tiefen des Seins angekommen.

Das Leben ist an erster Stelle ein Geschenk, alles andere ist zunächst unwichtig. Überlegt Euch doch, was ist das Leben?

Das Leben ist doch ein göttlicher Funke, der darauf wartet, angezündet zu werden. Es ist da, um es zu bewundern, um es zu bestaunen, um es zu entdecken, um es zu erkennen und vor allem, um es zu leben. Es kann nicht existieren, wenn es nicht gesehen wird, und genau so kann es nicht leben, wenn es nicht gelebt wird. Es kann nur dann brennen, wenn es ständig mit dem Leben in Verbindung steht, wenn es das Göttliche dauerhaft in sich tragen kann. Es braucht Nahrung. Es braucht auch Euch Menschen, um genährt zu sein. Alles was das Leben in sich tragen kann, ist eigentlich verpflichtet, dem Leben zu dienen... Aber gibt es etwas Schöneres, als dem Leben dienen zu können?

Erinnert Euch, waren nicht die schönsten und tiefsten Momente in Eurem Leben genau die, in welchen Ihr ohne »Warum« und »Aber« die pure Existenz des Lebens gespürt und damit dem wahren Leben gedient habt? Sind es nicht die Augenblicke, in denen Ihr die Präsenz des Göttlichen wahrnehmt, genau die Augenblicke, in welchen Ihr Euch mit dem Leben und dem All-Sein verbunden fühlt?

Wenn Ihr gegen oder für das Leben kämpfen müßt, dann stimmt etwas in Eurer Menschenwelt nicht mehr... Eure Aufgabe ist nicht zu kämpfen sondern zu dienen. Dienen dem Höchsten, was es gibt, dem Leben.

Erkennt das Göttliche im Leben, und plötzlich wird das Leben in das Göttliche eindringen.

Mit tiefer Berührung,
Dein Maria Laach/Eifel
(Die Ausatmung und die tiefe Präsenz der Erde)

PS: Wenn Du Dich in mir niederläßt, wirst Du mit der Erde atmen können. Die Erde wird Dich durch mich berühren können. Erlebe den Strom des Atems, und das Licht wird sich durch Dich, durch mich in die Umgebung ergießen können.

Die Stille ist in mir verkörpert und wird auf jeden weitergegeben, der sich dafür öffnet.

München, 8. August 2010

Lieber Mensch,

spürst Du, daß ich Dein Freund bin? Spürst Du, daß ich Dich mag?

So wie Du mich interessiert anschaust, bin auch ich an Dir interessiert. So wie ich für Dich ein Wunder bin, bist auch Du für mich ein Wunder.

Wenn Du mich wirklich berühren möchtest, dann schaue mich nicht nur an. Versuche nicht, nur meine Äste zu begreifen, sondern gehe tief in die Erde ein. Tauche richtig tief in die Erde ein, und da wirst Du mich finden. Ich bin viel stärker *in* der Erde präsent als auf der Oberfläche. Mein wahres Wesen ist unter dem Wurzelwerk verankert und damit dort auch stärker spürbar. Warum wunderst Du Dich so sehr, mein lieber Mensch? Das kennst Du doch sicher schon von den anderen Bäumen.

Wir Bäume wachsen aus der Erde und entwickeln zwar eine wunderbare Krone über die Erdfläche, aber unser wahres Wesen bleibt in der Erde erhalten und gehalten.

Wenn Du Dein Herz öffnest, dann wirst Du die gesamten Wellen wahrnehmen können, die sich ständig aus der Erde, aus meinem Kern ausdehnen. Sicher, meine Kraft strahlt auch durch die Äste und Blätter aus, aber nicht so ausgerichtet und konzentriert, wie direkt aus der Erde.

Erinnere Dich, daß auch Du aus der Erde kommst und daß auch Dein Wesen in der Erde stark präsent ist, und schon wirst Du mich mehr spüren können. Vielleicht wirst Du mich dann als Freund erkennen können.

Auch wenn Du Dich für mich interessierst, siehst Du mich noch immer als etwas Fremdes an, das spüre ich doch. Du denkst, daß ich ein ganz anderes Wesen bin, daß ich Deine Gestik, Deine Sprache und vor allem Dein Denken nicht wirklich verstehen kann. Aber da irrst Du Dich. Wir sind nicht so unterschiedlich, wie Du denkst.

Ja, wir können wirkliche Freunde sein. Freunde, die sich austauschen, die kommunizieren, die sich verstehen und vor allem

Freunde, die einander bereichern können. Das ist doch das Wichtigste bei einer Freundschaft, oder?

Du glaubst noch immer, daß wir einander nicht verstehen können, auch wenn wir eine gemeinsame Sprache finden würden? Warum?

Nähere Dich, und Du wirst es merken. Tauche unter meine Wurzeln, und Du wirst merken, daß Du durch mich Dich selbst finden wirst. Wenn Du mich in der Tiefe berührst, dann werde auch ich erfüllt und tief bereichert. Das wird uns beide verändern, und damit werden wir unser Wachstum gegenseitig unterstützen. Könntest Du mich dann als Freund sehen? Kannst Du mich als gleichwertigen Freund nehmen. Damit würdest Du mich unglaublich glücklich machen. Das würde uns beiden ganz neue Möglichkeiten eröffnen.

Wenn ich Dich als Freund erkenne, dann bin ich ab sofort ein anderer. Jeder neue Freund ist ein neues Tor. Jede Freundschaft ist eine neue Stufe auf der Leiter des Wachstums. Jeder Freund öffnet eine neue Dimension.

Nur Freunde können sich ohne Schmerz in der Tiefe spiegeln und berühren.

Bitte, *sei mein Freund, mein lieber Mensch, und wir werden zusammen wachsen können.*

In tiefer Sehnsucht,

Dein Drachen-Baum auf La Gomera (Kanarische Inseln)

(ca. 400 Jahre alter »Baum«)

PS: Die Kraft und der Saft fließen durch mich und erfüllen mich schon Jahrhunderte. Sie nähren mich, sie pflegen mich. Mit meiner Präsenz halte ich das Leben und die Lebenskraft. Ich bin wie eine Säule des Lebens, die für die Landschaft eine wichtige Balance darstellt.

Hermigua, 13. Januar 2011

Geliebter Mensch,

hast Du Dich schon einmal gefragt, was die Zukunft ist? Ich meine jetzt nicht auf der Ebene, auf welcher Du Dich die meiste Zeit befindest – die Ebene, auf welcher Du Dich selbst nicht wirklich bewußt erlebst. Ich meine die Ebene des Lebens, die Ebene des ewigen Seins.

Ist die Zukunft nicht nur das Resultat der Gegenwart?
Meinst Du wirklich, daß die Zukunft vorherbestimmt ist?

Mein lieber Mensch, Du kannst selbst entscheiden, ob die Zukunft von Dir abhängig ist oder Du von ihr abhängig bist.

Mein Vorschlag ist, daß Du Dich nicht bestimmen läßt, weil Du Dir damit selbst die Tür verschließt. Nimm Dir die Möglichkeiten nicht weg, bevor Du sie erleben konntest. Lasse nicht zu, daß Dein Unglaube und vor allem Deine Ängste, die Du heute lebst, auch Deine Zukunft bestimmen. Beschränke Dich nicht auf das, was Du heute zulassen kannst, weil Du nicht weißt, was sich für Dich mit dem nächsten Schritt alles noch öffnen kann.

Sei nicht so kurzsichtig, daß Du den weiten Blick nicht behalten kannst. Gleichzeitig bleibe im »Hier und Jetzt«, weil Du nur so die Zukunft beeinflussen kannst. Und die kannst Du nur im Jetzt, oder noch besser gesagt, mit dem Jetzt erschaffen.

Verstehst Du, worüber ich rede, oder bin ich schon zu weit in der Zukunft?

Laß mich wieder etwas über Dich aus meinem Blickwinkel erzählen: Du gleitest aus dem Jetzt in die Zukunft, wenn Du das Jetzt innerlich begriffen hast. Weißt Du, was ich meine? Du kannst schöne Ideen für die Zukunft haben und kannst sie Dir sogar vorstellen. Aber wenn Du sie nicht mit Deinem Wesen begriffen hast, dann bist Du noch immer im Jetzt. Und man würde ganz schlicht sagen, daß Du über die Zukunft träumst.

In dem Augenblick, in dem Du das Jetzt lebst, bist Du schon dabei, Deinen Fuß in die Zukunft zu setzen.

Versuch Dir vorzustellen, daß die Zeit nicht existiert. Was zählt dann? Was ist die Maßeinheit? Was bestimmt das Jetzt und die Zukunft? Was ist die Zukunft in der Ewigkeit? Es stimmt nicht, daß alles das gleiche ist. Es stimmt nicht, weil ein Schritt Dich aus dem Jetzt in die Zukunft bringt. Das heißt, daß es eine Entwicklung gibt. Und um genau das geht es! Es handelt sich um die Entwicklung. Hast Du das schon wieder vergessen?

Versuche Dir immer wieder vorzustellen, die Komponente Zeit existiert nicht. Das wird Dir helfen, diesen Schritt aus dem Jetzt in die Zukunft besser zu meistern. Das ist nämlich ein sehr bedeutender Teil auf Deinem Weg, mein geliebter Mensch.

Sei vom Jetzt in die Zukunft getragen, und die Zukunft wird für Dich tragend sein.

Vertraue dem Jetzt, daß es Dich in die Zukunft begleiten kann, und Du wirst auch der Zukunft vertrauen können.

Erlebe die Zukunft als Jetzt, und schon wirst Du sie leben.

Mit starker Dankbarkeit, daß es Dich gibt

Dein Stuttgart

(eine Landschaft, in der große Veränderungen geplant sind)

PS: Ich bin eine energetisch starke Landschaft, von der man sagt, daß sie von einer großen Zerstörung bedroht ist. Aber bin ich das wirklich, oder erlebe ich eine große Veränderung, die alles, was bis jetzt war, in eine ganz neue Zukunft stellt? Bitte, liebe mich so, wie ich bin, und liebe mich so, wie ich sein werde.

Berlin, 2. Dezember 2010

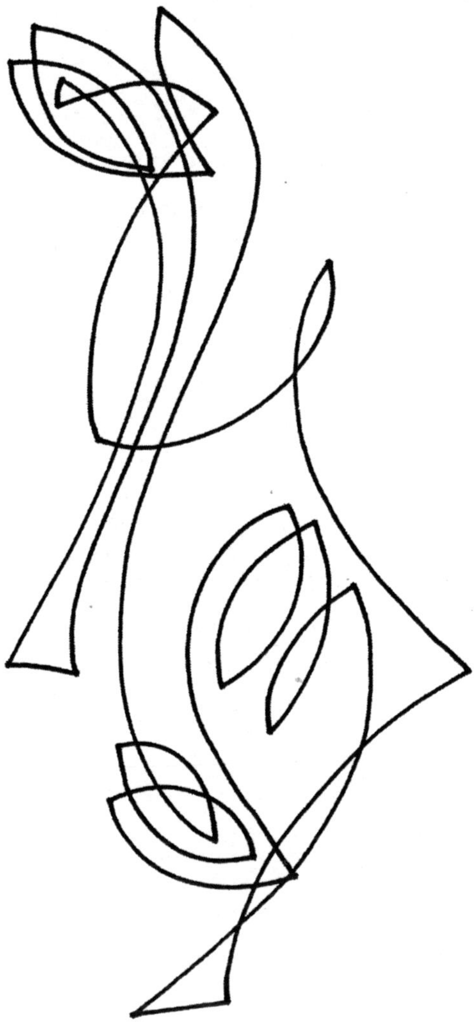

Mein geliebter Mensch!

Ich bin stumm geworden. Irgendwie mußte ich verstummen, sonst wäre alles zu schmerzhaft geworden.

Weißt du, Du brauchst keine Angst vor der eigenen Geschichte zu haben. Sie ist Vergangenheit und muß keinen Einfluß mehr haben. Es hängt von Dir ab, wie viel Kraft Du ihr noch immer gibst. Jede, Du hast richtig gehört, jede Geschichte ist heilbar und jede Geschichte ist eine große Bereicherung.

Lerne aus der eigenen Geschichte, aber dann laß sie irgendwann auch ruhen.

Die Vergangenheit wird Dich begleiten und vielleicht auch richtig plagen, bis Du sie nicht zu Deiner Geschichte machst. Die Vergangenheit wird zur Geschichte, wenn Du sie ehrlich angeschaut, verarbeitet und akzeptiert hast. Dadurch wird sie nämlich »entwaffnet« – sie wird von Deinen Emotionen entladen und damit wieder befreit.

Das gleiche gilt auch für die kollektive Vergangenheit. Sie bleibt in Raum und Zeit hängen, wenn sie keine Möglichkeit bekommt, gewandelt und befreit zu werden. Statt im Hintergrund als tragende Kraft aus dem Archiv der Menschheit zu wirken, dient sie der Unruhe und dem Chaos. Wie ein Geist spukt sie herum und sorgt für ständige Unzufriedenheit.

Ja, auf eine Art und Weise verselbständigt sie sich, und obwohl sie quasi niemandem gehört, hat sie auf alle einen großen Einfluß. Man könnte sogar sagen, daß die Vergangenheit in unerlöster Form oft eine ganze Landschaft, ein ganzes Land, ein ganzes Volk, die ganze Menschheit im Griff hat und aus einem tiefen Hintergrund den Rahmen für das ganze Geschehen abgibt.

Sie ist versteckt und sozusagen vergessen, aber eigentlich auf einer Ebene noch immer im Vordergrund und damit die leitende Kraft.

Mach Dir keine Illusionen, mein lieber Mensch, und glaube nicht, daß Du die Vergangenheit durch Unterdrücken loswerden kannst. Glaube nicht, daß Du sie mit Verleugnung überlisten kannst.

Sie wird nur dann zu Deiner Freundin, wenn Du sie verstanden und angenommen hast, so wie sie ist.

Und ich kann Dir eines sagen: Es ist nicht gut, die Vergangenheit als Feindin zu haben. Deswegen freunde Dich so schnell wie möglich mit ihr an.

Du bist ein freies Wesen, mein geliebter Mensch. Deswegen kannst Du entscheiden, ob Du frei sein möchtest. Es liegt an Dir, wie frei Du wirklich sein willst.

Mit lieben Grüßen aus der Gefangenschaft der Vergangenheit
Dein Point Reyes / Kalifornien (USA)
(ein Ort der Energiereinigung für die Landschaft/für die Erde)

PS: Ich liege neben der San Francisco Bay, die wie ein Erholungsort für die Erde ist. Die Kraft der Erde wird hier erneuert. Dafür bedarf es aber in dieser Gegend eines vertieften und intensiven Reinigungsprozesses. Und genau das ist meine Aufgabe. Alles, was nicht verarbeitet wurde, wird hier gespeichert, um durch die Zeit verdaut und damit gewandelt zu werden.

Pentaluma, 15. September 2010

Oh, mein lieber Mensch,

erschrick nicht! Erschrick bitte nicht, weil Du dann unsichtbar wirst für mich.

Weißt du, wenn Du Angst hast, kann ich Dich nicht spüren, ich kann Dich nicht erleben, ich kann *Dich* nicht sehen. Ich sehe nur noch einen Nebel um Dich herum, ich erlebe nur noch Deine Schale, ich spüre nur noch die Angst, aber nicht Dich.

Du meinst, die Angst bist auch Du. Das stimmt, aber nicht wirklich *Du*. Du solltest sehen, was geschieht, wenn Du in das Gefühl der Angst fällst.

In dem Augenblick, in dem Du Deine Kraft abgibst (wundere Dich nicht, lieber Mensch, um der Angst zu folgen, mußt Du Deine Kraft übergeben) verschwindet das strahlende Licht. Ja, *Dein* strahlendes Licht. Es ist noch immer da, das weiß ich schon, aber es taucht in den Hintergrund und bestimmt nicht mehr Deine Ausstrahlung. Du wirkst wie verschwommen, verblaßt.

Merkst Du nicht, wie stark Du Dich nach innen ziehst, wenn Du erschrickst? Merkst Du nicht, wie stark Du Dich veränderst, wenn Du Angst hast? Merkst Du wirklich nicht, wie anders Du dann bist, wirkst und handelst ?

Vielleicht merkst Du es nicht, aber ich merke es.

Plötzlich bist Du ein anderer Mensch! ... Ja, doch, so stark wirkt das auf Dich, aber auch auf mich.

Du öffnest die Tür für die verwirrende Kraft, die nicht nur Dich beeinflußt, sondern durch Dich auch mich erreicht.

Es wundert mich schon sehr, warum Du das nicht merkst, warum es Dir immer noch nicht klar ist, wie stark Du mich beeinflußt. Wir sind sehr eng verbunden. Wir sind in dem gleichen Raum und dadurch in der gleichen Welt der Kraft. Wenn Du die Kraft der Angst anziehst, durch Dich fließen läßt und ihr freie Bahn gibst, dann breitet sie sich aus. Sie dehnt sich nicht nur in Dir aus, sondern überflutet auch mich und uns alle – sie bekommt mit Deiner Erlaubnis freien Eintritt in unsere gemeinsame Kraftwelt. Verstehst Du mich?

Und nicht nur das, lieber Mensch, ich erlebe einen doppelten Verlust, so wie natürlich auch Du: Durch die Kraft der Angst werde ich geschwächt, und deshalb verliere ich die Kraft, die Du verkörperst, weil Du sie nicht mehr sehen, halten und leben kannst. Oder anders gesagt, weil Du nicht präsent bist.

Wir sind viel enger verbunden, als Du denkst, mein lieber Mensch!

Öffne das Herz, und sei, wie Du bist! Öffne das Herz und sei, wer Du bist!

Öffne das Herz, weil Du nur dann bist, wie Du bist, weil Du es bist!!

Sei herzlich umarmt,
Dein Potala in Lhasa (Tibet)
(ein großes Herzzentrum)

PS: Ich bin das große Herz für das ganze Land. Die Kraft strahlt aus allen meinen Poren. Das reine Licht des Herzens ist unbeschreiblich und unendlich. Die Kraft ruht in mir wie in einem See und wartet darauf, wahrgenommen und damit belebt zu werden.

Die momentane Situation (politisch, kulturell usw.) ist auf eine Art und Weise so brutal, daß es schon fast grotesk wirkt. Sie verkörpert so extrem das Gegenteil und wirkt so stark gegen die Natur des Landes, daß man es gar nicht mehr ernst nehmen kann.

Sempas, 13. Dezember 2009

Liebe Menschen,

verzeiht mir, wenn ich Euch so direkt anspreche. Ich habe manchmal das Gefühl, daß Ihr gar nicht wirklich wißt, von wo Ihr kommt. Wie könnt Ihr dann wissen, wer Ihr seid?

Wenn ich es richtig verstehe, ist das eine sehr zentrale Frage für Euch. Ich höre so oft Eure Stimmen, die diese Fragen stellen und verzweifelt nach Antwort suchen.

Klar, kann ich nicht ganz nachvollziehen, was Ihr mit Euren Nationalitäten und diesbezüglich den Unterschieden meint, und auch nicht, was das mit den Grenzen, mit den Ausländern, mit den unterschiedlichen Rechten usw. sein soll. Das macht doch gar keinen Sinn! Ihr habt doch alle die gleiche Herkunft, Ihr stammt doch alle aus der gleichen Quelle. Es ist egal, wo auf der Erde Ihr geboren werdet und wo Ihr Eure Wurzeln in die Erde schlagt. Da der Same gleich ist, seid Ihr alle aus dem gleichen Stamm.

Ich weiß nicht, ob meine Betrachtung Euch helfen kann, aber ich möchte beschreiben, wie ich Euch Menschen sehe. Ich möchte versuchen, zu bezeichnen, was mir Eure Herkunft über Euch sagt.

Aus meiner Perspektive, aus der Perspektive der Erde, seid Ihr die Wesen des Lichtes. Ihr kommt aus dem reinsten Licht. Ihr seid das Licht, das sich in der Materie manifestieren kann. Ihr seid das glühende Licht, das in die Erde durch Eure Körper strahlen kann. Das Großartige dabei ist, daß Ihr dazu auch Wesen des Herzens seid. Ihr verkörpert die Herzenskraft. Damit sehe ich Euch als Herzenslicht.

Wenn ich Euch sehe, dann sehe ich das unbegrenzte Licht, das strahlende Licht des Herzens.

Meint Ihr nicht, daß das doch viel über Euch sagt? Wenn Ihr Euch so sehen würdet, dann würdet Ihr auch wissen, wer Ihr seid und was Eure Aufgabe ist.

Wenn ich sehe, wie ein Kind in die Erde (Ihr sagt: auf die Erde) geboren wird, dann betrachte ich das Licht, das sich niederläßt, konzentriert, verdichtet und schlußendlich die Form des Körpers übernimmt. Ihr seid das verdichtete Licht, es kann nicht anders sein, weil Ihr ja aus dem Licht herkommt.

Vielleicht könnt Ihr damit besser verstehen, warum ich mich über Eure Begrenzungen, Ausländerbeschimpfungen, nationalistischen Trennungen wundere und sie nicht begreifen kann.

Ach, ja... was kann man noch dazu sagen, als sich wünschen, daß Ihr bald wieder erkennt, was Eure Herkunft ist.

Euer Heim ist das Herz und Euer Ursprung das Licht. Wenn Ihr zurück in das Herzenslicht findet, dann werdet Ihr wieder zuhause sein.

Wenn Ihr den Weg in das ursprüngliche Licht findet, dann werdet Ihr überall auf der Erde zuhause sein. Das Licht, das Ihr seid, ist nämlich das Licht der Erde.

Mit viel Licht,
Eure Herreninsel im Chiemsee
(die Mittlere Säule des großen Landschaftstempels)

PS: Ich speichere und halte das Geistpotential und die Impulse. Zusammen mit der ganzen Landschaft des Chiemsees bilde ich eine energetische Blase, einen Raum, einen Speicher für die himmlisch-kosmische Kraft. Die Säule, die hier in mir ruht, ist die Mitte der Mitte dieses Systems – zusammen mit allen anderen Landschaftssäulen formt sie diesen Energieraum.

München, 9. Februar 2009

Lieber Mensch,

warte, warte, warte... hör mir bitte zu... ich möchte Dich etwas fragen... Hörst Du mich? ... Hörst Du mir zu? ... Du schaust weg, Du siehst mich nicht, oder? ... Merkst Du gar nicht, daß ich hier bin? Weißt Du überhaupt, daß ich lebe? ... Willst Du das überhaupt glauben?

Warte, warte... geh nicht weg, bitte! ... Hier, hier... ja, hier bin ich... Ach, ist das frustrierend! Manchmal würde ich am liebsten aufgeben... Aber ich möchte Dich doch etwas fragen... Siehst Du mich jetzt? Hörst Du mich? ...

Hier ist meine Frage, die ich mir schon so lange stelle: »Was ist der Sinn des Lebens für euch Menschen?«

Weißt Du, ich versuche, es zu verstehen, aus dem was ich von euch sehe, aber da komme ich nicht weiter. Ich betrachte und schaue, ich höre zu und betrachte wieder... Ich werde ganz still, um ja nichts zu verpassen, aber irgendwie werde ich dadurch auch nicht schlauer. Ich weiß manchmal nicht mehr, ob ich es vielleicht nicht sehen kann, ob ich doch blind bin, ob ich nicht wirklich zuhören kann, ob...

Kannst Du mir vielleicht weiterhelfen? Wenn ich euch anschaue, dann werde ich so verwirrt. Ich habe das Gefühl, daß ihr verloren herumirrt. Es ist so viel Unruhe, Unzufriedenheit und Traurigkeit da. Warum? Ich verstehe es überhaupt nicht. Das kann doch nicht der Sinn des Lebens sein, oder? Erkläre es mir doch, bitte!

Ich weiß, was das Leben ist. Und ich weiß, daß ihr eine der Ausdrucksformen des Lebens seid. Aber ich bringe diese zwei Tatsachen nicht zusammen.

Das Leben ist für mich so weit, so unbegrenzt und unendlich. Ich kann das in eurem Gefühl für das Leben meistens nicht finden.

Das Leben sehe ich als unbegrenzten Spielplatz, der unzählige Möglichkeiten zum Lernen anbietet. Es ist aber auch ein Spielplatz, der zum Spielen eingerichtet ist. Ich versuche, euch ganz genau anzuschauen, aber den spielerischen und genießenden Aspekt des Lebens kann ich nicht wirklich erkennen. Ihr seid so ernst und eher traurig als glücklich... Ich verstehe es echt nicht!

Das Leben ist für mich ein ewiges Kreisen. Heute sieht es so aus, und morgen wird es schon wieder ganz anders aussehen. Aber das macht mir ja nicht viel aus, weil ich weiß, daß es im nächsten Augenblick schon wieder anders sein kann. Und es geht nichts dabei verloren – das Leben ist ein Kreisen... Seht ihr das auch so? Ich sehe so viel Angst in euch, vor allem die Angst vor Zerfall, die Angst vor Verlust, die Angst vor Mißerfolg... Hmmmm, das kann ich natürlich nicht ganz nachvollziehen. Warum? Wieso?

Das Leben ist so SCHÖN! Öffne die Augen und tanz mit mir. Tanz mit mir und betrachte das Leben. Lebe, und Du wirst sehen, wie schön das Leben ist.

Mit viel Liebe grüßt Dich,
Dein Schellenberg-Kinding/Altmühltal
(Wallanlage, Lebensquelle, Herzzentrum für das Altmühltal)

PS: Ich trage ein tiefes Wissen in mir. Trotz aller schwierigen Geschichten, durch welche viel Ballast auf mich abgeladen wurde, habe ich in den Zeiten meine Qualität nicht verloren.

Es sind ganz viele Plätze mit sehr unterschiedlichen Qualitäten in mir verborgen.

Man kann in mir auch die Altmühltal-Qualität gut erkennen und erleben: den Zugang zu der Uressenz des Lebens.

München, 8. April 2009

Mein lieber Mensch,

denke nicht, daß ich Dich nicht sehe!

Je genauer ich Dich anschaue, um so lieber habe ich Dich, Mensch! Vielleicht würde es Dir auch so gehen, wenn Du Dir Zeit nehmen würdest mich anzuschauen. Warum nimmst Du Dir nicht die Zeit?

Du bist immer gestreßt und in Eile. Nimmst Du Dir überhaupt noch Zeit zum Atmen?

Es ist schwierig, Dich zu verstehen, weil, wenn ich Dich anschaue, könnte ich nicht sagen, was Du vorhast. Du hast nämlich so viele Sachen, Pläne und Ideen auf einmal im Kopf und am laufen, daß ich nicht sehen kann, was Dein Weg ist. Weißt Du das überhaupt? Kannst Du aus allen Deinen potentiellen Richtungen wirklich noch Deinen Fokus sehen und erkennen? Ich kann es nicht!!!

Du bist verwickelt in so vielen unterschiedlichen Möglichkeiten, daß ich Dich selbst nicht sehen kann und Deine Richtung schon gar nicht. Ich weiß ehrlich nicht, wie Du das schaffst.

Es ist zu viel auf einmal, und dadurch sind die Kraft und die Energie ganz durcheinander. Ich kann Dir das sagen, vom Zuschauen. Ich weiß nicht, wie Deine Welt von innen aussieht, aber ich kann Dir von außen berichten. Es sieht nach einem Chaos aus. Wenn ich die Führung übernehmen sollte, wäre ich absolut verloren.

Schließe Deine Augen für einen Augenblick und überlege Dir alle Ideen, Gedanken, Überlegungen, Pläne, die Du nur am gestrigen und heutigen Tag schon hattest, und stelle sie Dir wie farbige Fäden vor. Und jeden Faden wickelst Du dann einmal um Deinen Körper herum… Ja doch, einmal genügt!!!

Kannst Du vielleicht jetzt verstehen, wie es mir geht, wenn ich Dich anschaue?

Auf eine Art und Weise bewundere ich Dich. Es ist unglaublich, was Du alles auf die Beine und in die Welt – nur mit Deinem Denken allein schon – stellen kannst. Aber auf der anderen Seite habe ich auch Mitleid mit Dir, weil ich mir so eine verwirrende Welt gar nicht vorstellen kann. Es ist einfach zu viel auf einmal los. Du denkst, daß Du nur auf eine Sache konzentriert bist und daß das, was Du gerade noch dachtest, schon weg ist, aber es ist nicht so... Deine Gedanken sind blitzschnell, aber die Energie, die mitfließt, ist zwar auch schnell, aber die kann nicht einfach so, wie Deine Gedanken, verschwinden und sich in Luft auflösen. Denke daran, wenn Du denkst!!

Fokussiere Dich auf Deinem Weg und spüre, was Dir gerade wichtig ist, und dann bleibe bei dem Fokus.

Geh Deinen Weg und finde den Fokus in Dir.

Sei Du selbst Dein eigener Fokus und gehe Deinen Weg. Auf diese Art und Weise kannst Du Dich und Deinen Fokus nicht mehr verlieren: Wo immer Du sein wirst, wird Dein Fokus bei Dir sein.

Für immer,

Dein Prag

(Kosmische Verankerung für Tschechien)

PS: Kosmische Verankerung ist durch drei Orte in meinem Schoß aufgebaut und verankert. Das ganze Gebiet der Stadt ist damit in dieses System einbezogen und an der Funktion des Organs beteiligt. Mit mir vibriert und atmet die ganze Stadt, um den Austausch mit dem Kosmos für das ganze Land zu ermöglichen.

München, 15. April 2009

Lieber Mensch,

ignoriere mich nicht! Bitte, sei nicht so stolz und denke ja nicht, daß Du alleine bist auf dieser Erde. Tue nicht so, als wenn Du der wärest, der alles entscheidet und der einzige, der alles weiß.

Du siehst echt lächerlich aus, wenn Du Dich so überheblich benimmst. Es paßt nicht zu Deiner Natur und schon gar nicht zu Deinem weichen Wesen.

Ignoriere nicht das Leben um Dich herum, weil Du damit die Welt, die auch Du selber bist, ignorierst. Du merkst das gar nicht, weil Du so sehr auf Dich selbst konzentriert bist.

Du bist nicht alleine auf diesem Planeten, und genau das ist die größte Herausforderung für uns alle: zusammen zu sein. Nur wenn wir alle zusammen sind, können wir diese Lehre gut überstehen. Jeder von uns könnte es vielleicht besser alleine tun, aber das ist nicht der Sinn der Sache. Wir sind nämlich gerade deshalb alle zusammen, um zu lernen, eine Gemeinschaft zu sein und in diesem innigen Austausch, wenn Du es so hören magst, in Abhängigkeit von einander zu leben.

Deswegen hilft es Dir nicht, wenn Du das Leben und alles, was neben den Menschen lebt, ignorierst. Du kannst nicht alleine leben. Vergiß das nicht! Du kannst alleine gar nicht überleben. Hast Du Dir das schon einmal bewußt überlegt? Du kannst alleine nicht überleben. – Du brauchst die Luft, Du brauchst die Pflanzen, die Erde, die Tiere, das Feuer, die Landschaft. Über die feinstofflichen Ebenen reden wir erst gar nicht.

Nur wenn wir alle zusammen sind, sind wir eine Ganzheit. Jeder von uns ist nur ein Teil, der ohne den anderen gar keine wirkliche Bedeutung hat. Dadurch, daß wir so unterschiedliche Teile sind, sind wir überhaupt fähig, eine Einheit zu bilden. Aber wir sind von einander abhängig, ob Du das hören magst oder nicht. Wir können nur existieren, weil es alle anderen und alles andere gibt.

Wenn nur ein Teil ausgeschlossen wird, sind wir nicht mehr die Ganzheit. Verstehst Du das nicht? Wir leben in einer Symbiose, die in so einer engen Verbindung existiert, daß sie uns nicht erlaubt, ignorant zu sein. Wir brauchen einander.

Bitte verstehe das nicht als Beschimpfung. Ich möchte nur ehrlich sein, weil es so weh tut, ignoriert zu sein, ausgeschlossen zu sein und vor allem zu sehen, daß Du so bist, weil Du es nicht merkst und nicht, weil Du ein böser Feind bist. Verstehst Du mich?

Reich mir die Hand, lieber Mensch, und sei mit mir, statt gegen mich. Reich mir die Hand, lieber Mensch, und lache mit mir, statt über mich. Reich mir die Hand, lieber Mensch, und sei mit mir, statt neben mir. Reich mir die Hand, lieber Mensch, und sei, wie Du bist, statt wie Du denkst, daß Du sein solltest. Reich mir die Hand, lieber Mensch…

Aus der Tiefe,
Dein Limburg
(Lebensquelle & Ausatmungspunkt)

PS: Wie aus einer Lichtfontäne strömt die Kraft aus der Lebensquelle und dehnt sich in der Landschaft aus. Wie ein Lichtatem strömt die Kraft aus mir, um sich in der Landschaft zu verteilen und im Kreis wieder zum Einatmungspunkt zu fließen.

Es bewegt sich alles und bleibt nie im ewigen Strömen stehen.

München, 20. November 2008

Hallo liebe Menschen!

Ich würde Euch so gerne berühren, aber ich kann es nicht! Ich würde Euch gerne spüren, aber ich kann nicht! Ich würde Euch so gerne näher sehen, aber es geht nicht!!

Nicht, daß ich es nicht möchte, aber Ihr laßt mich nicht näher!! Ihr steht hinter Euren Mauern und seid so verschlossen, daß ich Euch nicht erreichen kann, obwohl ich mir das so sehr wünsche.

Wo seid Ihr, liebe Menschen? Wo seid Ihr? Wovor habt Ihr solche Angst, daß Ihr Euch lieber hinter Euren Mauern versteckt? Warum? Wieso? Wofür?

Was habt Ihr davon? Ich verstehe es nicht! Ich kann es nicht verstehen, weil es so sehr gegen die Natur ist. Ja, auch gegen Eure Natur.

Wenn ich nur wüßte, was ich tun könnte, um Euch aufzulockern. Wenn ich nur wüßte, was Ihr braucht, um Euch zu trauen...

Wo lebt Ihr? Habt Ihr eine eigene Welt, in welcher Ihr lebt und seid? Ich kann Euch nicht wahrnehmen, ich kann Euch nicht spüren! Wo seid Ihr?

Ich könnte aufgeben und mich auch in meiner Welt verschließen, aber was bringt das, wenn jeder in seiner eigenen Welt lebt? Wir sind alle zusammen, um eine gemeinsame Welt zu halten, zu entdecken, zu bilden, zu leben und zu sein.

Ihr merkt gar nicht, daß Ihr nicht alleine seid, und gleichzeitig merkt Ihr gar nicht, daß Ihr Euch isoliert habt. Ihr habt Euch aus der gemeinsamen Welt abgeschlossen und eine eigene Welt gemacht. Ihr habt uns alle ausgeschlossen, Ihr habt Euch von allen isoliert und merkt gar nicht mehr, daß Ihr eigentlich nicht alleine seid.

Wir sind noch immer alle hier, erinnert Ihr Euch noch? Es ist die Welt von uns allen! Wir sind nur so sehr ausgeschlossen aus Eurer Existenz, daß wir für Euch gar nicht präsent sind. Aber wir sind noch immer da!!! Wir sind noch immer ein Teil der gleichen Welt…

Ihr habt uns zur einen parallelen Welt gemacht, was aber gar nicht wahr ist – wir sind noch immer hier.

Es würde sich gar nicht viel verändern müssen, und wir würden wieder in einer Welt vereint sein. Ihr solltet nur realisieren, daß wir hier sind, daß wir alle zusammen hier sind.

Wir sind nicht hier und Ihr dort… wir sind alle zusammen hier!!!

Versteht Ihr? Wir sind alle zusammen in dieser Welt, meine lieben Menschen!!!

Entdeckt die Welt, und plötzlich werdet Ihr verstehen, daß wir alle zusammen sind. Öffnet Euch, und die Welt wird die Grenzen verlieren. Es gibt nämlich keine Grenzen in dieser Welt. Wenn Ihr die Mauern fallenlaßt, sind wir alle zusammen in einer Welt, einer Realität.

Euer Simco Lake (Kanada)
(Die Erdsphäre von drei Sphären in der großen Landschaft von Toronto)

PS: In der Landschaft zwischen Toronto und mir (nördlich von Toronto) gibt es drei energetische Sphären, die zusammen als ein System wirken. Es gibt einen Bereich des Kosmos (Toronto Insel und Downtown), einen Bereich der Erde (das bin ich) und einen Bereich der Erd-Kosmos-Verbindung in der Mitte (Richmond Hill/Toronto).

Das ganze System ist durch viele Herausforderungen dieser Zeit und Eure Zivilisation sehr gedämpft worden und ziemlich eingeschlafen.

Toronto, 26. Juni 2009

Lieber Mensch,

Du hast so viele unterschiedliche Gesichter. Vielleicht noch viel mehr, als Du selber denkst oder Dir vorstellen kannst. Du trägst so verschiedene Aspekte in Dir, daß ich das Gefühl habe, daß Du manchmal sogar selber deswegen durcheinander bist.

Weißt du, ich betrachte Dich und sehe diesen Kampf in dir.

Ein Teil in Dir ist ganz ruhig und weiß genau, wo es langgeht. Der ist mit der Natur und den Prozessen der Natur, damit auch mit der Erdwandlung, so selbstverständlich verbunden, daß er gar nichts tun muß, um mit dem Fluß der Wandlung fließen zu können. Dieser Teil weiß auch, daß er nichts zu fürchten hat.

Und dann gibt es da noch andere Teile, die derzeit in große Panik geraten sind. Sie wissen nicht mehr, was Unten und was Oben ist. Sie sind verwirrt und verursachen damit noch mehr Chaos. Du solltest sie sehen... Ich weiß nicht, ob ich lachen oder weinen soll... Sie versuchen, den Prozeß anzuhalten, sie kämpfen mit allen Vieren darum, das Alte zu behalten und alles, so wie es war, zu bewahren; sie gehen gegen den Strom und meinen dabei noch, daß sie absolut recht haben und daß sie das einzig Richtige tun.

Und was machst Du, lieber Mensch? Wem in Dir folgst du? Wie entscheidest du? Kannst Du noch spüren, in welche Richtung Du gehen möchtest? Kannst Du in diesem chaotischen Zustand in Dir überhaupt noch entscheiden?

Ich weiß, es ist schwierig für Dich, und das sieht man Dir auch ganz deutlich an.

Weißt du, ich sehe das alles. Ich sehe Dich, und ich würde Dir so gerne helfen. Ich würde Dir so gerne meine Hand anbieten, aber Du siehst sie nicht. Du bist so sehr mit Dir beschäftigt, Du bist so sehr in Deinen Kampf verwickelt, daß Du mich gar nicht siehst.

Ich sehe Dich. Ja, ich sehe Dich. Aber auch ich kann Dir nicht sagen, wie Du Dich entschieden hast, weil Du noch gar nicht entschieden bist. Vielleicht denkst du, daß Du entschieden bist, aber ich kann es noch nicht sehen. Es ist noch nicht sichtbar. Weil Du noch immer hin und her wechselst und in Dir nicht die Klarheit gefunden hast, kann ich Deine Richtung nicht erkennen.

Erkenne Deine wirkliche Natur, mein lieber Mensch! Erkenne sie, und plötzlich wirst Du das Leben erkennen können. Erkenne Dich selbst, und Du wirst erkannt sein. Erkenne dich, und Dein Weg wird erkannt werden. Erkenne Deinen Weg, und Du wirst von allen Seiten wieder unterstützt sein.

Durch die Erkennung wirst Du die Tür öffnen, die Tür in das Licht, in das Leben und in das Herz.

Ich sehe das Beste in Dir, mein lieber Mensch
Dein Walberla in der Fränkischen Schweiz
(ganz starke Präsenz der »neuen Kraft der Erde«)

P.S Ich bin ein Ort der Zukunft. Ein Ort, der einen Schritt voraus ist, um den ganzen Prozeß der Wandlung auf diese Art und Weise zu unterstützen. Ich schwinge in einer klaren reinen Herzenskraft und halte sie in der Ewigkeit, für die Ewigkeit.

Trotzdem erlebe ich sehr viel Gegenwind, da es nicht einfach ist, die neuen Schwingungen in der »alten« Welt zu halten.

Wiesenthau, 15. Oktober 2009

Lieber Mensch,

manchmal habe ich das Gefühl, daß Du kurzsichtig bist. Nicht nur, weil Du schaust und nicht siehst, sondern auch, weil Du das große Ganze nicht sehen kannst. Man könnte sogar denken, daß Du blind bist. Du siehst so aus, wenn ich Dich anschaue. Du siehst so viele Sachen nicht. Siehst Du sie wirklich nicht?

Kannst Du nicht sehen oder willst Du nicht sehen?

Mit dem Sehen ist auch Deine innere Ausrichtung verbunden. Du fixierst Dich nur auf das, was Du sehen kannst und willst, und das ist nicht gerade viel. Das ist nicht genug! Es fehlen Dir wichtige Einblicke.

Dadurch verwechselst Du auch oft den Geist mit der Materialisierung. Geist kann sich zwar materialisieren, aber Geist ist dadurch noch immer frei in seiner Form und seinem Ausdruck. Der Geist kann nicht in der Materie gefangen werden, weil er dann nicht mehr frei ist und damit auch nicht mehr das, was er in seiner Natur ist.

Du mußt es gar nicht versuchen, weil Du es nicht schaffen wirst. Du kannst den Geist nicht nach Deiner Vorstellung und Deinem Willen in Deine Fixierung zwingen, weil Dein Blick zu eng und gebunden ist. Du siehst zu wenig, um den weiten Blick halten zu können.

Durch Deine Vorstellungen und Deine Kurzsichtigkeit bringst Du viel Starrheit in die Landschaft. Du läßt den Geist erstarren. Du glaubst, Du hilfst ihm, sich zu materialisieren, aber eigentlich fängst Du ihn und damit nimmst Du ihm das Leben.

Du bist zu besitzergreifend und zu hart in Deinem Tun, um fähig zu sein, nur zu halten. Sei ein Gefäß und nicht die Fessel.

Laß los, lieber Mensch, Du mußt es nicht tragen, Du darfst es halten.

Deine Taten müssen nicht physisch gesehen werden, sie werden auch ohne Materialisierung gesehen werden. Wenn Du sie nicht sehen kannst, heißt es noch nicht, daß sie nicht sichtbar sind. Wenn Du sie nicht anfassen kannst, heißt es noch lange nicht, daß sie nicht präsent sind.

Beschränke Dich nicht in der Vorstellung, daß Du den Geist in die Materie zwingen mußt.

Befreie Dich, mein lieber Mensch, und Du wirst auf einmal den Geist sehen können.

Befreie Dich, und Du wirst plötzlich für den Geist sichtbar sein.

Erlaube Dir, sichtbar zu sein, und Du wirst Dich und den Geist befreien.

Erlaube Dir, frei zu sein, und Du wirst den Geist endlich wirklich erleben können.

Erlebe den Geist und Du wirst für immer frei sein!

Aus der Ewigkeit in die Ewigkeit,
Dein Einsiedeln / Schweiz
(Kosmische Verankerung für die Schweiz)

PS: Die kosmische Verankerung liegt unter den schweren Gemäuern des Klosters.

Trotz dieser Schwere kann man mich und meine Kraft wahrnehmen und erleben. Die Kraft hat nämlich eigene Wege für die Dehnung gefunden. In vielen unterschiedlichen Formen füllt sie meinen ganzen Raum.

Was aber doch erschwert ist, ist die kosmische Verankerung der Landschaft, des Landes.

Einsiedeln, 5. November 2009

Geliebter Mensch!

Durch Dich atme ich, durch Dich lebe ich, durch Dich bin ich.

Halte mir bitte nicht die Nase zu, weil ich dann nicht atmen kann, lasse mich nicht sterben, und bitte vergiß nicht Deine eigene Identität, weil ich dann nicht mehr sein kann. Verstehst Du mich, mein lieber Mensch?

Wenn es Dir nicht gut geht, dann tue bitte nicht so, als sei alles in Ordnung. Nimm Dein Gefühl ernst und verändere etwas, tue etwas!

Es ist nicht gut, wenn Du unglücklich, unzufrieden bist, weil dadurch Deine Seele leidet. Du veränderst dadurch Dein tiefes Sein und Deine tiefe Niederschrift der Seele. Statt lange in Mißtrauen zu leben, nimm die Zügel in Deine Hände und habe den Mut, etwas zu verändern.

Es tut Dir nicht gut, wenn Du zu lange Mißtrauen erlebst, weil damit das Urvertrauen in das Leben verlorengeht. Das ist lebenswichtig für den Weg Deiner Seele.

Weißt Du, was ich meine?

Schaue nicht zu lange in die Dunkelheit und, vor allem, bleibe nie so lange in der inneren Dunkelheit, daß sich Deine inneren Augen daran gewöhnen. Lerne lieber, das Licht zu sehen. Übe, das Licht überall zu sehen. Genieße, daß Du das Licht in allem und in allen sehen kannst. Aber dafür brauchst Du Mut. Nur der Mut kann Dich nämlich in das Licht begleiten. Je früher Du den Mut ergreifst und begreifst, um so schneller wirst Du den Weg des Lichtes gehen können.

Du brauchst das Leben nicht zu verändern und schon gar nicht die Welt. Du brauchst nur den Mut für den Schritt, der Dich auf den Weg des tiefen Vertrauens bringt. Mehr brauchst Du nicht, weil Du dann getragen wirst. Du wirst gehalten, genährt, erkannt und geliebt. Brauchst Du mehr als das?

Mein lieber Mensch, Du brauchst so wenig, um glücklich zu sein. Vergiß das bitte nicht!

Spüre, wie ich durch Dich atme, und der Atem wird viel leichter sein.

Spüre, wie ich in Dir lebe, und Du wirst wieder Grund haben zu leben.

Spüre, wie ich in Dir bin, und Du wirst erkennen können, wer Du bist.

Versuche nicht, Dich von mir abzuwenden, weil Du uns beiden keinen Gefallen damit tust. Sei, wer Du bist, mein lieber Mensch, und wir werden beide die besten sein, die wir sein können. Und mehr als das brauchen wir beide nicht!

Aus der Tiefe des Herzens,
Dein Washington D.C. (USA)
(Ausdruck der Kraft von den Großen Seen/USA)

PS: In mir und aus mir sprudelt die Kraft, die bei den »Big Lakes« empfangen und gesammelt wird. Die Landschaft dort ist wie eine Membran, die ähnlich wie die Fontanelle bei einem Menschen funktioniert. Sie ist eine Öffnung, die dem ganzen Planeten dient.

Meine Aufgabe ist es, diese Kraft zum Fließen zu bringen und sie in eine größere Umgebung zu verteilen. In heutiger Zeit ist das keine einfache Aufgabe, aber ich gebe nicht auf!

München, 9. August 2010

Liebe Menschen,

das größte Spiel ist das Spiel des Gleichgewichts. Und man kann dieses Spiel des Lebens nur spielen, wenn man es wagt, mit der ganzen Kraft aufzubrechen. Kommt Ihr mit?

Wir können Euch zwar viel über das Gleichgewicht übermitteln, aber das braucht Ihr eigentlich nicht, weil Ihr das Wissen darüber selber ja auch besitzt. Das Wissen ist nicht das Hindernis. Was Ihr von uns lernen könnt, ist die Freiheit. Ihr seid frei, aber doch kennt Ihr die wirkliche innere Freiheit noch gar nicht.

Frei sein nicht nur im Inneren und auch nicht nur im Äußeren. Mit dem ganzen Sein die Freiheit leben, das bedeutet frei zu sein. Wenn man frei ist, dann gibt es kein »Warum« und »Aber«. Alles ist die Realität und alles ist die Wahrheit. Wenn die Freiheit wirklich lebt, dann gibt es keine Zweifel und keine potentielle Gefahr. Die Freiheit kennt nicht nur keine Grenzen, sondern bedeutet, mit dem ewigen Fluß des Lebens verbunden zu sein. Nur in dem Zustand der absoluten Freiheit entsteht das innere Gleichgewicht, das die Welt in Balance halten kann.

Wir verstehen nicht, wie Ihr die Welt in das Gleichgewicht bringen wollt, wenn Ihr es nicht einmal schafft, Eure eigenen Körper in einem ausgeglichenen Zustand zu halten.

Die größte Kunst ist, das Gleichgewicht zwischen Innen und Außen zu halten. Aus der Balance zwischen Innen und Außen entsteht die innere Zentrierung. Und erst aus dem inneren Fokus kann man in die äußere Handlung gehen.

Die Freiheit ist notwendig, um mit dem Leben spielen zu können; oder wie Ihr sagt: im Leben spielen zu können.

Liebe Menschen, Ihr versucht zu fest, es richtig zu machen, und gebt Euch viel zu viel Mühe damit. In der wirklichen Freiheit gibt es kein Falsch und schon gar nicht ein Richtig. Alles ist ein Ausdruck des Lebens. Und Leben kann nicht richtig oder falsch sein. Versucht nicht, den richtigen Weg zu finden, weil es einen solchen Weg gar nicht gibt. Versucht nicht, das Leben richtig zu leben, weil Ihr damit sicher nur falsch sein könnt. Je mehr Ihr versucht, es richtig zu tun, um so weiter weg seid Ihr von der Freiheit und damit immer weiter weg vom Leben.

Der erste Schritt ist jetzt schon begriffen, nicht wahr? Die Kategorien »falsch – richtig« existieren nicht mehr!

Denkt nach: Was würde sich in Euerem Leben blitzartig verändern, wenn diese Unsicherheit des Falschseins nicht mehr präsent wäre? Wie würdet Ihr Euch fühlen, liebe Menschen, wenn Ihr wüßtet, daß Ihr nichts falsch machen könnt, wenn Ihr der Freiheit und damit der Wahrheit folgt?

Es gibt nur eine Wahrheit und das ist die Wahrheit der Freiheit.
Es gibt nur eine Freiheit und das ist die Freiheit der Wahrheit.
Alles andere entsteht aus dieser wahren Freiheit.

Eure Wale vor der Insel La Gomera (Kanarische Inseln)
(Pilotwale)

PS: Wir sorgen für die Beweglichkeit der Materie und das Gleichgewicht zwischen Materie und Geist. Und all das können wir nur tun, wenn wir das Leben als Spiel nicht nur erleben, sondern wirklich leben. Nur so sind wir frei in unserem Sein und dadurch bei der wahren Quelle des Lebens.

Hermigua, 14. Januar 2011

Liebe Menschen!

Man könnte denken, daß Ihr ohne Licht gar nicht leben könnt. Man könnte fast sagen, daß Ihr es ohne Licht gar nicht aushalten könnt. Wenn Ihr in einen dunklen Raum kommt, dann macht Ihr erst das Licht an, und wenn es dunkel wird, dann macht Ihr automatisch das Licht an.

Man könnte fast glauben, daß Ihr gar nicht mehr wißt, wie es ist, ohne Licht zu leben. Im Äußeren würde man vermuten, daß Ihr vom Licht fast abhängig seid.

Das Licht bedeutet das Leben. Aber manchmal bekomme ich das Gefühl, daß Ihr Euch gar nicht mehr wirklich bewußt seid, was das Licht ist. Vor allem befürchte ich, daß Ihr vergessen habt, daß Ihr die Lichtträger seid.

Wenn ich Euch anschaue, dann sehe ich das Licht. Ich sehe das Licht, aber ich bin mir nicht sicher, ob Ihr das Licht seht. Ich meine das innere Licht, das Licht, das Ihr mit Eurem Sein und mit Eurer Präsenz in die Welt bringt.

Wenn das Licht von außen scheint, heißt das noch lange nicht, daß das innere Licht nicht scheinen muß. Das Licht, das Ihr mit den äußeren Augen sehen könnt, ist zwar stark und strahlend, aber nicht wirklich lebendig, wenn es nicht mit dem inneren Licht belebt wird.

Vermische nicht das Licht mit dem L I C H T.

Es geht eigentlich nur darum: das Licht ins Leben zu bringen. Aber wie wollt Ihr das tun, wenn Ihr Euer wahres Licht gar nicht seht? Wie kann man das Licht strahlen lassen, wenn man gar nicht weiß, daß man das Licht in sich hat?

Laßt Euch nicht von dem äußeren Licht täuschen und vor allem laßt Euch nicht von dem äußeren Licht verblenden. Ihr braucht das äußere Licht, um nicht im Dunklen zu sein und um zu sehen, aber eigentlich seht Ihr wegen des inneren Lichtes, und nur wenn das innere Licht scheinen kann, werdet Ihr nicht im Dunkeln sitzen müssen.

Das Dunkle kommt von innen, und so wird man auch erst von innen wirklich erleuchtet werden können.

Wenn Ihr das nächste Mal das Licht anmachen wollt, erinnert Euch, das Licht im Inneren erst strahlen zu lassen. Wenn Ihr das nächste Mal mit dem äußeren Licht der Dunkelheit entgehen wollt, erinnert Euch erst, das Licht im Inneren brennen zu lassen.

Das Licht ist nicht immer LICHT. Und vor allem sollte das Licht nicht das LICHT ersetzen: Das Licht lebt mit dem LICHT, es kann aber nicht statt des LICHTES leben, weil es nicht das Leben beleben kann.

Mit einem Fluß des Lichtes zu Euch,
Euer Ringwall Goldgrube/Taunus
(eine der Säulen vom Erdungssystem Deutschlands)

PS: Ich stehe am Rande einer sehr großen Oppida (keltischen Siedlung). Ich bin eine von drei Säulen, die gemeinsam ein Dreieck bilden. Zusammen mit der mittleren Säule stellen wir das Erdungssystem Deutschlands dar.

Ich bin zwar stark, aber gleichzeitig bedeckt und auch stark belastet.

München, 19. Mai 2009

Liebe Menschen,

wie ist so etwas möglich? Ich bin entsetzt... Ich bin ohne Worte. Es ist unmenschlich! Es ist einfach unmenschlich, so etwas einer so wichtigen Landschaft anzutun. Es ist unmenschlich, und doch habt Ihr, Menschen, es getan. Wie schafft Ihr so etwas? Ihr tut so, als wenn Ihr nicht wüßtet, worüber ich rede? Merkt Ihr es nicht?

Jeden Tag gehen Menschen hier vorbei, jeden Tag arbeiten hier sogar Menschen, und niemand merkt es??? Niemand tut etwas? Niemand hört das grausame Elend? Seht Ihr es wirklich nicht, oder wollt Ihr es lieber nicht sehen? Alles schreit nach Hilfe, alles ist in tiefem Schmerz versunken, und Ihr tut so, als ob nichts wäre.

Wenn sich jemand wehtut – z. B. die Hand in der Tür einklemmt – und Ihr vorbeigeht, hört Ihr das auch nicht? Ihr würdet doch stehenbleiben und helfen. Ihr würdet doch nicht schauen, daß Ihr so schnell wie möglich wegkommt, oder?

Wieso??? Wieso hört Ihr denn nicht, wenn eine ganze Landschaft mit allem Drum und Dran nach Hilfe schreit und so tief verletzt ist? Wie ist das möglich?

Ich weiß nicht, ob ich mehr entsetzt bin, daß so was passieren konnte oder daß Ihr das heute und jeden Tag nicht merkt. Daß Ihr das sozusagen ignoriert. Jeden Tag wird der Schmerz nur noch neu aufgebaut. Jeden Tag entstehen neue Verletzungen. Versucht, Euch in die Position der Landschaft zu versetzen – immer wieder geschieht das gleiche, immer wieder wird sie aufs neue verletzt, aufs neue ignoriert, nicht gesehen und nicht beachtet. Immer wieder, immer wieder...

Solch ein Ort braucht zwar Hilfe, aber wie es aussieht, braucht Ihr sie noch mehr, wenn Ihr das nicht hören, sehen und wahrnehmen könnt. Das ist tragisch und kann nicht so weitergehen.

Ihr könnt doch nicht so taub und blind in der Welt stehen und sogar diese Welt dirigieren, führen und kontrollieren. Wie wollt Ihr das machen, wenn Ihr gar nicht seht??

Und doch habe ich Euch so sehr lieb. Wir alle haben Euch lieb. Ihr seid so lieb, daß man Euch nur liebhaben kann. In Eurem Kern seid Ihr alle lieb. Ihr seid das strahlende Licht des Lebens.

Aber was ich nicht verstehen kann, ist, wo die Diskrepanz zwischen Innen und Außen entsteht. Was geschieht mit dem Licht?

Wacht auf, liebe Menschen! Wacht auf!! Wacht auf in das Leben und für das Leben! Wacht auf, bevor es zu spät wird!!

Ihr seid so schön *und so wertvoll. Bitte, wacht auf!* Bitte!!! *Das Leben wartet auf Euch! Wir alle warten auf Euch! Wacht auf, liebe Menschen!!*

Mit viel Liebe,
Prag, am Ort, wo der tschechische Hauptfernsehsender seinen Sitz hat
(Eine der drei Kraftsäulen)

PS: Ich bin eine der drei Säulen des Landschaftstempels, der die Kosmische Verankerung für ganz Tschechien trägt und hält.

Ich bin zwar in meinem ursprünglichen Bild sehr stark und kraftvoll, stehe aber momentan da wie unter Schock.

So ein sensibles Organ sollte nämlich frei atmen können.

Prag, 17. April 2009

Lieber Mensch,

Dein Bild der Ewigkeit ist zwar anders als mein Bild, aber doch teilen wir uns die Realität der Unendlichkeit. Dadurch sind wir verbunden und können nicht getrennt werden. Oft fühlst Du Dich so weit weg und unerreichbar, aber doch verweilen wir in der gleichen Welt. Du bist oft nicht wirklich hier und gar nicht präsent, und doch bist Du ein Teil von mir. Ein Teil, der sich vielleicht gerade isoliert hat, sich entfernt hat, aber trotzdem noch immer in mir ruht, und ich kann Dich noch immer spüren. Wir sind in der gleichen Realität der Ewigkeit.

Die Unendlichkeit und Ewigkeit sind zwar unbegrenzt, aber sie haben unterschiedliche Realitäten. Die Welt besteht eigentlich aus sehr unterschiedlichen Realitäten, die doch miteinander auf einer Ebene alle verbunden sind. Die Realitäten sind aber nicht fixiert, sie verändern sich und sind dadurch in einem ständigen Entwicklungsprozeß.

Wir stehen beide gerade in der gleichen Realität, können uns deswegen direkt begegnen und uns berühren. Genauso kann es sein, daß wir uns im nächsten Augenblick auf der physischen Ebene trennen und uns plötzlich in unterschiedlichen Welten befinden, aber doch noch immer in der gleichen Realität bleiben können. Wir können aber auch zusammen in der materiellen Welt leben und keinen Kontakt haben und uns gar nicht in der gleichen Realität bewegen... Wir sind ein Teil der Welten, in welchen wir leben, und wir erschaffen die Realitäten mit, in welchen wir uns gerade befinden.

Obwohl die physische Welt so konkret erscheint, heißt das noch lange nicht, daß die sichtbare Realität die stärkste ist und sie uns auch automatisch verbindet.

Denk mal nach: Wie oft fühlst Du Dich mit jemandem, der physisch gerade ganz weit weg ist, oder jemandem der, aus Deiner Sicht, gestorben ist, viel stärker verbunden, als mit jemandem, der in dem gleichen Raum neben Dir steht? Kennst Du das Gefühl?

Die Welt und die Realitäten sind viel komplexer und miteinander verwoben, als Du es Dir überhaupt vorstellen kannst. Du bist so stark an die materielle Realität gebunden, aber sie ist nur ein kleiner Teil der Ewigkeit.

Die Realitäten existieren nicht, sie werden immer neu geschaffen. Sie werden von Dir, von mir, von uns allen ins Leben gerufen, sie werden ständig aktiviert, verändert, geformt und dadurch gelebt. Und wenn sie gelebt werden, dann existieren sie, aber nur so lange, wie jemand sie lebt.

Wie würdest Du Dein Leben leben, wenn Du Dir bewußt wärst, wie groß und unendlich die Ewigkeit ist? Wie würdest Du Dein Leben gestalten, wenn Du plötzlich alle Realitäten sehen könntest, die nebeneinander doch schon existieren? Wie würdest Du Dein Leben gestalten, wenn Du wüßtest, daß Du ewig bist? Würdest Du nicht anders in Deinem Leben stehen, wenn Du wissen würdest, daß der Tod kein Ende ist?

Mit großem Respekt,
Dein Sacred Mountain, südlich von Sedona/Arizona (USA)
(Heiliger Berg)

PS: Als »Heiliger Berg« bin ich eine Ecke des Dreiecks, das zu dem ganzen System von Sedona gehört. Ich stehe für den roten Aspekt der Göttin.

Darüber hinaus bin ich auch ein großes Herzzentrum und zusätzlich noch eine Lebensquelle. Ich trage ein tiefes Wissen über das Leben. Ich bin ein verborgener Schatz.

Phoenix, 23. März 2009

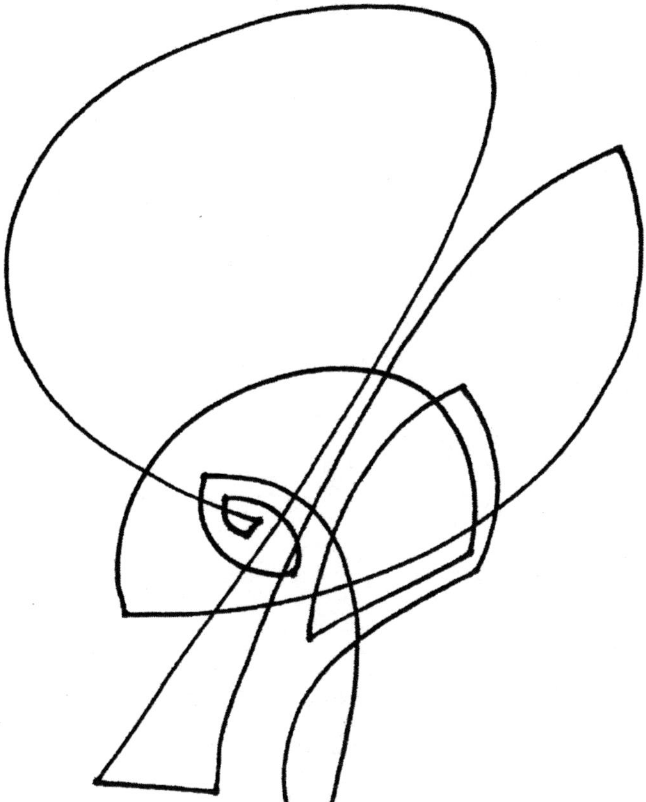

Liebe Menschen,

oh, meine lieben Leute, wie schafft Ihr das? Wie schafft Ihr es, so brutal gegeneinander zu sein? Ich habe schon viel sehr Grausames erlebt, aber die Grausamkeit, die Ihr erschaffen könnt, habe ich sonst noch nie gesehen.

Wie kann das sein, daß gerade die Wesen des Herzens, der Herzenskraft bereit sind, so brutal zu sein? ... Ist genau das vielleicht der Grund? Braucht Ihr die Grausamkeit, um zu lernen, mit der Herzensliebe umzugehen?

Es ist schwierig zu verstehen und es ist sehr schmerzhaft, so etwas zu sehen und in solche Taten, ohne es zu wollen, verwickelt zu sein.

Könnt Ihr die Liebe nicht einfach annehmen und nehmen? Müßt Ihr sie verdrehen, vernichten, unterdrücken, um sie kennenzulernen? Müßt Ihr das Leben erst zerstören, um es schätzen zu lernen? Müßt Ihr das Herz erst zerbrechen, um seinen Wert zu erkennen? Müßt Ihr alles erst verlieren, um es sehen zu können?

Entschuldigt, daß ich Euch solche Fragen stelle, aber es ist so unvorstellbar.

Begreift Ihr nicht, daß Ihr die Geschöpfe des Herzens seid? Daß Ihr die Wesen seid, die die Herzenskraft tragen, halten und bewahren? Seht Ihr das nicht? Könnt Ihr das nicht sehen? Wollt Ihr das nicht wahrhaben?

Daß Ihr zerstörerisch sein könnt, ist klar, aber daß Ihr nicht nur mit Unherzlichkeit, sondern wirklicher Vernichtungskraft aneinanderstoßen könnt, das überschreitet alle Grenzen.

Irgendwie kann ich noch verstehen, daß Ihr oft z. B. mit den Pflanzen grob umgeht, weil Ihr Euch nicht in sie hineinversetzen könnt. Ihr könnt Euch nämlich nicht wirklich vorstellen, was in ihnen vorgeht und wie sie leben, wie sie wahrnehmen, wie sie sind, wie sie wirken usw. Das gleiche Verständnis kann man für

Euren Umgang mit den Tieren, Landschaften, mit dem Wasser usw. haben.

Aber es gibt keine Ausrede für das grausame zwischenmenschliche Benehmen! Wie könnt Ihr jemandem so brutal wehtun, wenn Ihr genau wißt, wie sich der andere Mensch dabei fühlt? Wie könnt Ihr die Brutalität anschauen, wenn Ihr genau wißt, wie es dem Gegenüber geht?

Liebe Menschen, Ihr seid Kinder des Herzens! Vergeßt das bitte nicht!! Verschließt Eure Herzen nicht, weil Ihr Euch dann in die brutalsten Wesen verwandeln könnt.

Liebe Menschen, öffnet das Herz, bitte! Öffnet das Herz und seid Euch Eurer Mission auf der Erde bewußt – Ihr seid die Träger der Herzenskraft!

Öffnet das Herz und gebraucht es als Schlüssel für alles, was Ihr tut, was Ihr bewegt, was Ihr liebt, was Ihr verstehen wollt. Öffnet Euch, bitte, und betrachtet die Welt durch das Herz. Öffnet Euch, und die Welt wird Euch durch das Herz sehen und berühren können.

In tiefem Verständnis,
Euer Nürnberg
(das Herzzentrum für Deutschland)

PS: Das Herzzentrum ist bei der Kaiserburg.

In meiner Natur bin ich ein fast unvorstellbar starker Ort. Durch menschliche Geschichte wurde ich, vor allem im Zweiten Weltkrieg, sehr stark »angegriffen«, zerstört, verdreht und vernichtet.

München, 21. November 2008

Mein geliebter Mensch,

wenn ich Dich durch meine eigene Kraft anschaue, dann sehe ich auch Dich als Schale. Ja, als ein tiefes Gefäß für die Lebenskraft.

Du bist ein Behälter für die Energie, nicht nur mit Deinem Körper, sondern mit Deiner ganzen Präsenz. Mit Deinem Wesen erschaffst Du einen Raum, der wie ein Resonanzkörper für die Kraft des Lebens wirkt.

Wenn Du atmest, dann atmet die Erde mit Dir und durch Dich. Wenn Du Dich für den Atem des Kosmos öffnest, dann atmet der Kosmos mit Dir und durch Dich.

Wenn Du aber im Gegenteil verschlossen bleibst, dann können die Erde und der Kosmos nicht durch Dich atmen – der Raum bleibt für sie unerreichbar.

Mein lieber Mensch, Du bist so schön, wenn Du nur bereit bist, Dich zu öffnen. Wenn Du die Erde hören könntest, dann würdest Du ihr Jubeln hören, wenn sie sich in Dir und durch Dich ausbreiten kann. Wenn Du meine Ohren hättest, dann könntest Du das Lachen des Kosmos hören, wenn er tief durch Dich hindurchatmen kann.

Es ist so eine Freude, Dich als Raum der Begegnungen zu betrachten und zu sehen. Du bist ein Juwel!!

Du bist wie eine Muschel, in welcher in jedem Augenblick eine Perle entstehen kann.

Nein, Du brauchst nichts Besonderes dafür zu tun – sei nur!! Sei nur, wer Du bist. Das genügt, und das ist alles, was von Dir verlangt wird. Sei, wer Du bist, mein geliebter Mensch!!

Du bist ein Juwel. Ein Juwel, das nicht nur schön ist, um es anzuschauen, und das nicht nur dafür da ist, um es anzuschauen, sondern ein Juwel, das mit seiner Präsenz eine wichtige Rolle spielt.

Du bist eine Energieschale, die empfangen und halten kann, gleichzeitig aber auch weiterschenkt und verteilt. Du bist eine Schale, die aktiv in das Leben eingreift. Sei Dir dessen bewußt und sei diese Schale. Du kannst nämlich nur dann diese Schale sein, wenn Du kreativ im Leben stehst und Dich für das Leben frei machst.

Öffne Dich für die Kraft des Lebens und entdecke die Lebenskraft in Dir. Öffne Dich für die Lebenskraft und sei das Leben.

Sei das Leben und entdecke den Raum in Dir. Entdecke den inneren Raum, und Du wirst die Schale für das Leben sein.

Sei die Schale des Lebens und Du wirst das Leben selbst sein.

Für immer

Dein Luzern (Schweiz)

(Energieschale für den Berg Pilatus und Lichtsäule)

PS: Mein ganzer Raum, mein ganzes Sein ist mit purem Licht ausgefüllt. Ich bin wie ein Gefäß für die Lebenskraft, die in dem Berg Pilatus entspringt und sich dann durch mich in die weitere Landschaft ausgießt.

Dieses ganze Geschehen unterstützt eine mächtige Lichtsäule, die mit zwei Dreiecken gefestigt wird. Sie helfen, diese Kraft in die Landschaft einzuspannen und zu verteilen.

Durch die Ausbreitung der Stadt bin ich und ist das ganze System geschwächt.

Luzern, 23. Oktober 2009

Ehrlicher Mensch,

bist Du Dir heute treu geblieben? Ich hoffe es sehr für Dich.

Du solltest Dich nämlich selbst sehen, wenn Du nicht hinter Deiner inneren Wahrheit stehen kannst. In solchen Situationen merke ich schon aus der Weite, daß Du nicht wirklich in Deinem Körper präsent bist.

Egal welche Maske Du Dir aussuchst, um Deine Gefühle zu verbergen, ich kann Deine tiefe Traurigkeit und Enttäuschung erkennen. Die Enttäuschung über Dich selbst. Die Enttäuschung, daß Du es nicht geschafft hast, Dein wahres Gesicht zu behalten.

Des einen kannst Du Dir sicher sein: Mich kannst Du nicht täuschen. Ich sehe Dich so, wie Du bist. Ich sehe Dein wahres Gesicht, Deine tiefste Wahrheit, ich habe das Glück, Dein Potential zu sehen; ich sehe aber auch Deine Mauern, Deine Schatten und Deine Masken.

Ich kann unterschiedliche Facetten von Dir sehen, aber ich kann nicht wählen, welche von diesen ich sehen möchte, weil das nur Du entscheiden kannst.

Ich sehe zwar alles, aber leider ist es nicht in meiner Macht zu entscheiden, was davon in den Vordergrund kommen sollte. Du bist der, der entscheidet, was von Dir leben darf und leben wird.

Wenn Du Deine innere Wahrheit nicht lebst, bist Du wie vernebelt, ich kann Dich dann gar nicht erreichen, weil ich nicht die Kraft habe, den dichten Nebel zu durchdringen. So gerne würde ich Dich manchmal trösten, aber leider bist Du dann so weit weg und zurückgezogen, daß Dich meine Berührungen gar nicht erreichen können.

Versuche Dich nicht hinter einer Maske zu verstecken, weil ich Dich dann verliere. Ich verliere Deinen klaren Blick und damit auch den Kontakt mit Dir.

Bitte schaue mich an und sei, wer Du bist, weil Du nur dann für mich sichtbar und greifbar bist. Ich möchte Dich berühren. Ich möchte Dich spüren und ich möchte Dich sehen.

Verstecke Dich nicht, weil Du damit von der Leinwand des Lebens verschwindest.

Mit viel Mitgefühl und Liebe,
Dein Mountain Valley/Arizona und Utah (USA)
(Kronenchakra/Ort der Wahrheit)

PS: Ich bin ein Ort der inneren Wahrheit, ein Tempel der wahren Kraft des Lebens.

Die Kraft, die in mir ruht, ist so direkt und so konkret, daß nur die wahre Essenz am Leben bleiben kann. Alles andere wird wie vom Wind verweht.

Ich bin ein Ort, wo die Kraft der Erde und vor allem ihre reinste Essenz ganz stark zur Erscheinung kommen.

München, 4. November 2008

Mein lieber Mensch,

manchmal versuche ich, ganz laut zu sein. Aber was soll ich tun? Ich könnte laut schreien, und Du würdest mich trotzdem nicht hören!

Ich frage mich schon, ob Du so sehr in Dich gekehrt bist, ob Du so stark egozentrisch bist oder ob Du einfach nicht hörst? Hörst Du nicht oder hörst Du nicht zu?

Manchmal weiß ich auch nicht, ob Du mich wirklich nicht hörst oder ob Du mich nicht hören willst. Hast Du Angst vor Verantwortung? Meinst Du, daß es besser ist, wenn Du einfach wegschaust? Wenn Du weit genug schauen würdest und Dir Mühe geben würdest, nicht nur zu schauen, sondern auch zu *sehen*, dann würdest Du merken, daß es in meinem Fall gar nicht um Schmerz und Trauer geht.

Verallgemeinere bitte nicht. Vieles im Leben ist anders, als es aussieht. Laß Dich nicht vom äußeren Aussehen verführen. Es ist schmerzhaft, nicht gesehen zu werden, es ist aber noch schmerzhafter, nicht angeschaut zu werden wegen der Verallgemeinerungen und ausgemachten Vorstellungen, die gar nichts mit der Wahrheit zu tun haben.

Kennst Du das Gefühl? Etwas wird Dir zugeschoben und auf Dich projiziert, obwohl es gar nichts mit Deiner Natur, mit Deinem Sein und Deiner inneren Wahrheit zu tun hat. Das schmerzt, nicht wahr? Und es schmerzt noch mehr, wenn Du nicht die Möglichkeit bekommst, die Wahrheit zu zeigen, zu sagen. Auch das stimmt, nicht wahr?

Vielleicht verstehst Du mich jetzt besser. Ich möchte aus einem einzigen Grund gesehen werden, nicht um mich in meiner Schönheit zu zeigen und meine ganze Pracht, Reife und Tiefe zu entblößen, sondern um in Kontakt und Austausch mit Dir zu treten.

Und es schmerzt, wenn Du mich abweist, ohne mich anzuschauen. Es schmerzt sehr, wenn Du mich aus leeren Vorstellungen und Vermutungen ablehnst.

Du nimmst uns beiden die Chance!

Schenk mir ein Lächeln und lach mit mir. Schenk mir einen Strahl und strahle mit mir.

Schenk mir einen Augenblick und sei mit mir!

Meine Liebe strömt zu Dir,
Dein Dachau
(Ein Naturtempel innerhalb des Geländes des ehemaligen Konzentrationslagers)

PS: Wie ein Sonnenstrahl am grauen Tag setze ich mich mit meiner klaren und reinen Kraft durch. Es ist nicht nur die Kraft, die so tief berührend ist, sondern vor allem die Hoffnung, die hier ausgestrahlt wird.

Von der Engelpräsenz bis zur Erdkraft, von der Christuskraft bis zu den Elementarwesen, von der Herzenskraft bis zum reinen Licht des Seins und der Präsenz der Ahnen – alles ist in mir, in diesem Tempel, präsent, anwesend, vertreten und vor allem aktiv.

Ich bin ein Ort der tiefen Berührung.

München, 12. November 2008

Lieber Mensch,

ich wünsche Dir, Du könntest einmal in das Innere der Erde schauen. Ich wünsche Dir so sehr, Du hättest einmal die Chance bekommen, das innere Leben der Erde zu sehen.

Ich wünsche *mir* sehr, daß Du das einmal tun könntest, weil Du auch mich dadurch anders sehen würdest.

Geh mit mir, und ich werde Dir das Licht der Erde zeigen. Schließe die Augen und lasse Dich fallen. Sinke in die warme Erde unter Dir und lasse Dich tragen. Laß los! Hab keine Angst, denn Du bist getragen und gehalten.

Kannst Du es spüren? Kannst Du die Kraft spüren? Kannst Du das Licht in Deinen Augen sehen und die Wärme an Deiner eigenen Haut erleben?

Wenn Du es noch nicht sehen und spüren kannst, dann schließe Deine Augen noch für einen Augenblick und folge meinen Bildern. Stelle Dir ein ganz warmes, ruhiges Licht vor, das mit der Intensität eines Vulkanes brennt und Dich mit den Flammen wie ein kühler Wind streichelt. Dazu erinnere Dich an die Wärme, die Du im Schoß Deiner Mutter erlebt hast. Wenn Du das wirkliche Gefühl der Erdkraft erspüren möchtest, dann stelle Dir noch vor, daß Du dabei in einem Bach liegst und das warme Wasser über Deinen Körper fließt und Dich dabei ganz sanft berührt. Folgst Du mir noch? Wenn Du noch das Gefühl »Verliebt-sein« dazuzauberst, dann wirst Du Dich bald dem Gefühl der Erde nähern.

Die Erde ist sanft, aber auch gleichzeitig streng. Sie ist liebevoll, aber sehr klar dabei. Sie wird Dich zwar in den Schlaf schaukeln, Dir aber nicht gleich erlauben, daß Du in Deinem Leben einschläfst. Sie wird Dich streicheln, dabei aber klar die Grenzen zeigen.

Sie ist nämlich wie eine Mutter und damit auch die beste Lehrerin.

Vertraue ihr, und sie wird Dich sicher durch das Leben führen. Vertraue ihr, und Du wirst nie alleine sein. Vertraue ihr, und Du wirst immer Deinen Weg finden.

Lieber Mensch, vertraue mir einen Augenblick und lasse Dich fallen. Lieber Mensch, laß Dich von der Erde berühren. Sie wartet darauf! Sie wartet, daß Du Dich in ihre Hände fallen läßt.

Habe Vertrauen, Du wirst es nicht bereuen, das kann ich Dir versprechen.

Aus der tiefen Verbindung zu Dir, mein lieber Mensch,
Dein Harz
(Tempel der Erdkraft)

PS: Ich bin eine Landschaft, die die Öffnung hat, die Kraft der Erde zu halten und sie auf die Oberfläche zu begleiten. Ich trage vier Säulen, die vier Hauptelementen zugeteilt sind. Sie stehen wie Säulen in einem klassischen Tempel und halten das ganze energetische Gerüst.

Ich bin ein wahres Heiligtum der Erde.

München, 7. Dezember 2008

Mein lieber Mensch,

wenn Du Dich gerade verloren in der Welt fühlst, dann versuche, Dich als ein Teil des Ganzen zu sehen. Tue ja nicht noch einen Schritt zurück, sondern steige erst recht ein.

Oft erlebe ich Dich sehr weit weg. Du versuchst, Dich abzugrenzen und für Dich zu stehen. Warum? Warum versuchst Du nicht noch mehr, ein Teil des Ganzen zu sein. Vieles wäre viel einfacher für Dich, und Du könntest viel ruhiger sein.

Hat das vielleicht auch mit dem Besitzen zu tun? Hast Du vielleicht Angst, daß Du etwas verlieren würdest, wenn Du Dich ganz übergeben würdest?

Weißt Du, es ist wahrscheinlich ein schönes Gefühl, etwas zu besitzen, aber das kann auch eine Belastung für Dich sein. Ich habe mich schon immer gewundert, warum ihr Menschen so besessen mit dem Besitz seid. Was für ein Gefühl mag das sein, daß ihr bereit seid, so viel zu investieren, zu riskieren und sogar vieles zu opfern.

Ich muß weiter nachfragen, weil es für mich schwer zu verstehen ist. Hat Besitz auch mit Kontrolle zu tun – habt ihr das Gefühl, das Leben unter Kontrolle zu haben, wenn ihr besitzen könnt?

Vielleicht denkst Du jetzt, daß ich frech bin, aber ich bin eigentlich nur neugierig. Es ist unglaublich, Beobachter zu sein. Für mich ist das Leben ein Fluß, der fließt, der kreist, der dient, aber auch bedient wird, der aber niemandem gehört. Wie könnte er nur? Alles, was existiert, was atmet und was ist, ist Teil dieses Flusses. Alles, was ist, hat die Möglichkeit mitzufließen, in diesem Fluß zu sein. Alles ist ein Teil dieses Flusses... Wie kann jemand auf die Idee kommen, diesen Fluß besitzen zu wollen?

Wundert Dich jetzt meine Frage? Das tut ihr Menschen doch!! Ja, ihr versucht ständig, das Leben in den Griff zu bekommen, um es zu besitzen. Ihr kämpft sogar und führt Kriege deswegen, ihr streitet und ärgert Euch. Und das alles um etwas, was gar nicht Euch gehört.

Wie kann man die Erde besitzen? Wie kann man das Leben in Besitz haben? Es ist nicht möglich, und es hat auch keinen Sinn. Und doch tut ihr es!!!!! Begreift ihr nicht? Alles, was ist, ist das Leben, und Leben kann man nicht besitzen – man kann es nicht haben, weil es dann nicht mehr im Fluß ist und deswegen sterben wird – es geht nicht anders. Alles, was festgehalten wird, wird aus dem Fluß gerissen und dadurch zum Tode verurteilt.

Alles, was ihr fest im Griff haltet, hat gar keinen Wert, weil es tot ist.

Kannst Du vielleicht jetzt verstehen, warum ich mich so wundere und es nicht begreifen kann?

Lasse diese Besessenheit, besitzen zu müssen, los, und Du wirst sehen, wie viel einfacher das Leben plötzlich sein wird.

Laß den Wunsch zu besitzen los, und plötzlich wirst Du wieder frei und lebendig.

Vom Herzen zum Herzen,

Dein Prora/Rügen

(Zentrale Säule des Gleichgewichtsorganes)

PS: Die Säule des Gleichgewichtsorganes, die ich bin, liegt unter den riesigen Gebäuden, die im Dritten Reich gebaut wurden. Ich trage eine große Lichtsphäre und reiche bis zur Mitte der Erde, wo ich mich mit anderen ebensolchen Säulen verbinde, um gemeinsam die Erde im Gleichgewicht zu halten.

München, 9. April 2009

Oh, mein lieber Mensch,

ich würde Dich so gerne in meinen Schoß nehmen. Ich würde Dich so gerne halten und tragen...

Nein, Du bist keine Last, Du bist ein Geschenk. Begreifst Du das wirklich nicht?

Ich würde Dich so gerne berühren, aber Du läßt mich nicht näher... Nein, Du störst mich überhaupt nicht, im Gegenteil, ich freue mich so sehr, Dich zu spüren.

Komm doch einen Schritt näher, bitte... Warum nicht? Bitte, ich würde Dich so gerne ganz nah sehen und wahrnehmen. Bitte, tu das, und komm ganz nah zu mir.

Vielleicht wirst Du dann plötzlich meinen Atem hören können, vielleicht wirst Du dann auf einmal meine Kraft spüren können.

Ich versuche, Dir näherzutreten, aber Du weichst immer aus.

Wovor hast Du Angst, mein lieber Mensch? Merkst Du nicht, daß ich Dich so sehr lieb habe und Dich behüte? Es kann Dir nichts passieren. Bitte glaube mir, bitte vertraue mir.

Lehne Dich zurück und höre meine Geschichte. Lasse Dich berühren und fürchte Dich nicht.

Ach, mein lieber Mensch, Du bist noch immer so weit weg, und ich kann Dich nicht erreichen. Es ist so frustrierend, es ist so schmerzhaft, aber ich kann nichts tun. Du solltest nämlich den ersten Schritt tun und Dich nähern.

Ach, kannst Du nicht für einen Augenblick vergessen, daß Du immerzu denken mußt, und einfach spontan auf mich zukommen?

Bevor ich Dich wirklich sehen kann, höre ich schon Deine Gedanken, Deine Überlegungen, Dein Denken. Bevor ich Dich spüren kann, merke ich schon, daß Du in Deine Gedanken vertieft bist. Bevor ich Dich überhaupt berühren kann, bist Du mit Deinen Gedanken schon weiter und weit weg. Bevor Du näherkommst, bist Du schon wieder weit weg. Ich kann Dich nicht erreichen.

Du beschützt Dich so stark mit Deinen Gedanken, daß Du gar nicht wirklich anwesend bist. Du bist in Deinem Denken so verwickelt, daß Du gar nicht in dieser Wirklichkeit leben kannst. Du bist in Deiner Welt der Gedanken und machst Dich dadurch unerreichbar.

Ach, mein lieber Mensch, wenn ich Dich nur kurz berühren könnte, wenn ich für einen Augenblick hinter Deine Gedankenmauer treten könnte. Du fehlst mir...

Vergiß zu denken, mein lieber Mensch, und Du wirst das Sein erleben können. Laß Deine Gedanken los für einen Augenblick, und Du wirst das Wunder erleben.

Versuche nicht, denken zu wollen, und Du wirst plötzlich denken können, ohne Dich dafür abkapseln zu müssen. Versuche nicht, leben zu müssen, *und plötzlich wirst Du es lieben zu leben.*

Für immer,

Dein Cathedral Rock, Sedona/Arizona (USA)

(Herzzentrum von Sedona, im inneren Bereich des Kronenchakras von Nordamerika)

PS: Es ist nicht nur die äußere Schönheit, mit welcher ich berühre, wenn man sich vor mich, den kraftvollen roten Felsen, hinstellt. Es ist vor allem die konzentrierte Kraft, die wortwörtlich aus mir herausströmt, die einem den Atem nehmen kann.

Die Herzenskraft ist so stark präsent und die Brücke zu den kosmischen Kräften ist durch das Kronenchakra so deutlich spürbar, daß man das Gefühl bekommt, man könne abheben.

München, 13. April 2009

Liebe Menschheit,

ich schaue Euch Menschen an, aber ich werde nicht berührt. Ihr berührt mich nicht. Ihr schaut mich an, und Ihr werdet nicht berührt, und auch ich werde dabei nicht berührt. Ich berühre Euch nicht.

Was ist geschehen? Was ist auf dem Weg passiert? Was hat sich zwischen uns gestellt, daß wir uns nicht mehr erreichen?

Ich verstehe es nicht!!! Ihr Menschen habt, das ist noch gar nicht so lange her, diesen Ort gekannt, geschätzt, geehrt und gefeiert. Und dann? Was ist passiert? Wo seid Ihr geblieben? Wo seid Ihr?

Ich kann nicht sagen, daß Ihr egozentrisch geworden seid und Euch deswegen distanziert habt. Ich kann auch nicht sagen, daß Ihr egoistisch geworden seid und nur noch Euch selbst seht. Ich kann auch nicht sagen, daß Ihr Euch verloren habt, weil auch das nicht stimmt. Ich kann auch nicht sagen, daß Ihr...

Ich könnte vieles auflisten und vermuten, aber es würde alles wahrscheinlich nicht stimmen. Ich könnte Euch viele Fragen dazu stellen, aber das würde uns nicht helfen. Ich könnte Euch auch viele Vorwürfe machen, aber auch das würde uns nicht näherbringen.

Ich werde Euch einfach weiter lieben. Ich werde Euch weiter zu berühren versuchen – jedes Mal, wenn Ihr vorbeikommt. Irgendwann werdet Ihr es plötzlich wieder spüren. Meint Ihr nicht? Doch, das möchte ich hoffen. Das möchte ich glauben. Ich gebe nicht auf!!

Gebt auch Ihr nicht auf. Wir werden uns wiederfinden, wieder entdecken.

Wir sehen zwar sehr unterschiedlich aus, aber wir sind alle ein Teil des gleichen Ganzen. Wir sind eins. Ja, wir alle sind eins. Wundert Euch nicht, wenn ich das so sage, aber wir sind zusammen eine Ganzheit. Ich ohne Euch und Ihr ohne mich, so sind wir nicht komplett und auch nicht ganz. Wir können nicht vollkommen sein und können unsere Rolle nicht spielen, wenn wir nicht verbunden und eins sind.

Ich warte auf Euch. Ich warte, bin ruhig, geduldig und gebe nicht auf. Ich weiß, daß der Augenblick wiederkommen wird, und dann werdet Ihr mich plötzlich nicht nur sehen, sondern auch berühren können!!

Eins ist in Euch und um Euch herum. Ihr seid eins mit Euch und eins mit allem, was ist. Eins kann nur dann eins sein, wenn es im Innen und im Außen ist. Eins ist alles, und alles ist eins. Ihr seid eins, und ich bin eins – wir sind eins!

Ich bin bereit und freue mich!! Bis dann, meine liebe Menschen!!
Euer Teotihuacán (Mexiko)
(das Zentrum des großen Herzsystems)

PS: Ich bin ein Kosmos auf der Erde. Alles ist präsent in mir, und damit entsteht ein Netz, das sich in die Weite ausbreitet; ein System, das ganz stark die Herzenskraft trägt und übermittelt.

Dazu bin ich ganz stark mit den anderen Planeten, Galaxien und Dimensionen verbunden. Dadurch bringe ich ganz wichtige Impulse in die Landschaft und in die Welt.

Die Pyramiden und der ganze Komplex sind der Ausdruck dieser unterschiedlichen Elemente und Ebenen.

Sempas, 14. Dezember 2009

Mein lieber Mensch,

der einzige wirkliche Gegner ist in Dir, mein lieber Mensch!

Du wünschst Dir zwar sehr, jemandem im Äußeren zu finden, aber leider wirst Du ihn nicht finden können.

Ich wünsche mir, Du könntest für einen Augenblick aus meiner Perspektive Dich selbst und Dein Leben anschauen. Dann könntest Du verstehen, was ich meine.

Alles, was Du siehst, *alles*… ist ein Spiegel von dem, was in Dir geschieht. Ich sehe manchmal wirklich gleichzeitig Dich und Dein Spiegelbild, wie ein Doppelbild.

Ich bin nicht auf das Äußere fokussiert, deswegen kann ich das besser erkennen und sehen. Energien, Gefühle, Emotionen, Geschichten usw., alles wird vor Deiner Nase abgespielt. Alles, was in Dir ist, spiegelt sich vor Dir – in den Menschen, in den Landschaften. Es ist so spannend und so deutlich. Du brauchst Dich nur dafür zu öffnen, und Du wirst es auch sehen können.

Versuche einen Tag das, was im Äußeren geschieht, als Abbild von Dir zu sehen. Versuche das, was in Dir ist, im Äußeren zu finden. Du wirst sehen, das Leben wird eine andere Dimension für Dich gewinnen. Du wirst das Leben und Dich selbst anders kennenlernen, und plötzlich wirst Du nicht mehr so auf das Geschehen konzentriert sein, sondern auf das, was sich im Hintergrund abspielt.

Es ist viel spannender, das wirkliche Geschehen zu betrachten.

Schaue durch das, was vor Deinen physischen Augen geschieht, und lerne das Spiegelbild zu suchen. Dann wirst Du auch sehen, daß es keinen wirklichen Gegner gibt außer Dir selbst.

Wenn Du das Leben und die Welt so betrachtest, dann wirst Du sehen, daß es gar nicht so ernst ist. Das Leben ist ein Spiel, und je besser Du betrachten und mitspielen kannst, um so spannender wird das Leben sein und um so mehr wirst Du das Spiel genießen können.

Nimm es nicht zu ernst, mein lieber Mensch. Spiel mit, und Du wirst Freude an diesem Spielen entdecken.

Wenn ich Dich im Spiegel sehe, dann weiß ich, daß Du da bist. Wenn ich Dich nicht sehen kann, weil Du Dich gerade versteckst, dann suche ich Dein Spiegelbild und dann finde ich Dich wieder. Du kannst Dich vor mir nicht wirklich verstecken, weil ich immer irgendwo Dein Abbild finden kann. Du bist da, ob Du es weißt oder nicht – irgendwo finde ich immer Deine Präsenz.

Aus meiner Tiefe in Deine Tiefe,
Deine Krkavce (an der slowenischen Küste)
(prähistorisches Heiligtum)

PS: Ich bin eine sehr komplexe Landschaft, die viele Aspekte in sich verbirgt. Ich bin ein Tempel des Lebens. Alle Aspekte werden in mir enthalten, verankert und unterstützt. Drei Einheiten (oder Bereiche) werden durch unterschiedliche Verbindungen in einer Ganzheit gehalten und bilden damit eine klare Struktur des Heiligtums.

Sempas, 28. Mai 2009

Mein lieber Mensch,

weißt Du, Du kannst das Leben leben, aber Du kannst das Leben nicht verändern.

Nein, das heißt noch lange nicht, daß Du nicht kraftvoll bist oder daß Du keine Macht und Kraft hast, und schon gar nicht heißt das, daß Du nur eine Marionette des Lebens bist.

Du bringst das Leben ins Fließen, und dadurch bist Du auf eine Art und Weise Schöpfer des Lebens. Aber nicht so, wie Du Dir das vielleicht wünschst. Durch Dein Sein, durch Deine Präsenz wird das Leben beeinflußt, verändert und bewegt, es wird aber nicht kreiert und auch nicht geschaffen.

Du kannst z. B. die Tonerde anfassen, kneten, formen, aber am Ende wird die Tonerde noch immer Tonerde sein. Du kannst sie verändern, aber Du kannst ihre Essenz und ihre Natur nicht verändern. Du kannst aus der Tonerde, kein Metall oder ein Stück Plastik erschaffen.

So kannst Du auch das Leben nicht nach Deinem Wunsch und Deiner Vorstellung neu hervorbringen.

Ich erzähle Dir das, weil ich Dich betrachte und dabei merke, daß Du so viel Kraft verbrauchst bei dem Versuch, das Leben neu zu erschaffen. Du glaubst, Du mußt das Leben kreieren, Du mußt Dein Leben erschaffen. Aber das geht doch gar nicht. Wie stellst Du Dir das überhaupt vor?

Es ist schon alles hier. Was willst Du noch? Du mußt Dich nur einmal umschauen und das alles sehen. Du suchst nach etwas, was schon da ist, aber Du siehst es nicht und versuchst, es mit allen Kräften zu erzwingen – zu erschaffen. Aber das geht ja gar nicht, weil es eigentlich schon da ist.

Verstehst Du, was ich meine?

Nimm das, was schon da ist, und sei damit kreativ, sei damit und dadurch aktiv. So kannst Du auch wirklich etwas bewirken und in Fluß bringen.

Sei nicht besessen von der Idee, daß Du etwas Eigenes hervorbringen mußt, um wirklich Du selbst zu sein. Mit jedem Atemzug bist Du schon kreativ. Obwohl Du den Atem nicht selber erschaffst, bist Du beteiligt an so einem unglaublichen Wunder. Sei Dir dessen bewußt, und Du wirst in jedem Augenblick neue Wunder erleben.

Aber vergeude bitte nicht die Kraft mit der Schöpfung des Lebens, weil das einfach nicht geht.

Das Leben ist ein Wunder, und Du wirst das merken, wenn Du Dir bewußt wirst, daß Du ein Wunder bist. Denn wenn Du ein Wunder bist, dann mußt Du kein Wunder kreieren, um das Wunder zu sein. Und wenn Du frei bist von diesem Druck, dann kannst Du das Wunder auch wirklich sein. Wenn Du ein Wunder sein willst oder ein Wunder kreieren willst, bist Du meistens noch weit von dem wirklichen Wunder entfernt. Das Wunder ist das Leben, und das Leben ist nur dann ein Wunder, wenn es so sein darf, wie es ist.

Fühl Dich berührt von mir,
Dein Wolfgangsee (Österreich)
(Kosmische Verankerung für Österreich)

PS: Ich bin wie eine Schale, die es ermöglicht, daß die Kraft gesammelt wird. Ich trage und halte, und damit erschaffe ich die Basis. Ich bin ein Schutz, ein Boden und gleichzeitig die Kraft selbst.

St.Gilgen, 23. April 2009

Liebe Menschen,

seht Ihr nicht, daß sich die Geschichten immer und immer wiederholen? Ja, klar, meine ich Eure Geschichten! Immer wieder, immer wieder… seht Ihr das wirklich nicht?

Es ist manchmal schon wirklich schmerzhaft zu sehen, wie Ihr immer wieder in die gleichen Spielchen verfallt. Es ist anstrengend, es ist aber auch schon absurd, das zu sehen. Ich wünschte, Ihr könntet für einen Augenblick alle Geschichten auf einmal erleben.

Die einzige Lösung ist, den Schritt zu tun, sich zu ändern, und dadurch die Muster zu zerbrechen. Damit wird auch der unendliche Kreis der Geschichten unterbrochen. Wenn ich das für Euch tun könnte, würde ich es tun, aber leider geht das nicht – leider kann ich das für Euch nicht tun.

Das erste, was Ihr braucht, ist Ehrlichkeit. Ja, Ehrlichkeit zu Euch selbst. Nur wenn Ihr ehrlich seid, könnt Ihr durch die Wand der eigenen Projektionen treten. Wollt Ihr das? Seid Ihr bereit, das zu tun?

Leider habe ich den Eindruck, daß es für Euch noch immer gemütlicher ist, in den alten Strukturen und Mustern zu bleiben, als ehrlich zu sein.

Mit viel Freude würde ich Euch in den Hintern treten und Euch damit einen Schubs geben, aber auch das bringt leider nicht viel, wenn Ihr den Impuls nicht von innen ergreift.

Lieber dreht Ihr Euch in den gleichen Geschichten, wiederholt sie immer und immer wieder…

Es ist manchmal schon wirklich lächerlich, was Ihr alles tut, um ja nicht etwas ändern zu müssen. Es ist echt schon schmerzhaft und es ist auch schon wirklich unsinnig, aber es ist Euer Weg, und Ihr entscheidet.

Die Ausrede, daß Ihr halt die alten und vergangenen Geschichten nicht sehen könnt, nehme ich Euch nicht ab. Ich kann Euch dabei helfen, wir alle können Euch sehr gerne dabei helfen.

Hört einfach nur zu, laßt Eure eigenen Gedanken für einen Augenblick pausieren und seid ganz mit mir. Laßt Euch nicht ablenken, bleibt offen, und die Geschichten werden sich in Eurem Inneren wie in einem Buch abspielen. Ihr müßt gar nicht viel tun, nur bereit sein, zuzuhören und zu hören.

Statt sich von den alten Geschichten bestimmen zu lassen, hört doch zu. Statt die alten Geschichten zu wiederholen, seid mutig und verändert Euch. Statt Euch im Kreis der alten Geschichten zu drehen, tut den Schritt und öffnet Euch für neue Möglichkeiten. Statt Marionetten in den alten Geschichten zu sein, seid doch ehrlich mit Euch selbst und seid, wer Ihr wirklich seid!!

Ich sende Euch viel Herzenslicht,
Euer Ipf / Nördlinger Ries
(Lebensquelle)

PS: Ich liege am Rande des Nördlinger Ries, und doch bin ich sein Nabel.

Mit meiner Form, Lage und Kraft habe ich schon immer Menschen angezogen.

Die Lebenskraft ergießt sich durch mich aus der Erde und verteilt sich in der ganzen Landschaft. Das Licht strömt wie Lava meinen Hügel hinunter und erfüllt die Gegend mit strahlendem Glanz.

München, 14. April 2009

Lieber Mensch,

wo bist Du? Warum bist Du so weit weg? Wo bist Du wieder geblieben?

Ich kann Dich nicht wirklich spüren. Was hat Dich wieder so mitgenommen, daß Du Dich verloren hast?

Du fehlst mir. Ich vermisse Deinen Atem. Ich merke, wie alles so leer ist, wenn Du nicht präsent bist.

Es entsteht ein Loch, wenn Du nicht da bist. Ein Platz ist nicht besetzt, und damit stimmt die Balance nicht mehr.

Wieso wundert Dich das? – Du bist so eng in das ganze System eingebunden, daß Du nicht einfach so aussteigen kannst. Die Verknüpfungen, die Du mit Deinem Sein hältst, sind im Netz genau so wichtig wie alle anderen. Wenn Du nicht da bist, dann ist das ganze Netz nicht tragbar, weil es keine Spannung gibt, die das Ganze halten könnte.

Ich will Dich ja nicht zum Zentrum des Universums machen, weil ich weiß, daß Du erschrecken würdest und Dich nur noch mehr zurückziehen würdest.

Du bist Dir wirklich noch immer nicht bewußt, wie stark Du das Leben beeinflußt und wie eng Du mit der Existenz des Lebens verflochten bist.

Entspanne dich. Ich versuche nicht, Dich für das Ungleichgewicht verantwortlich zu machen. Ich möchte nur so sehr, daß Du Dir mehr bewußt würdest, wie sehr Dein Zustand mit der ganzen Situation verbunden ist.

Wenn Du nicht mehr Deine Spannung halten kannst, dann steigst Du sozusagen aus der Spannung des Netzes aus, was aber bedeutet, daß das Netz nicht mehr stabil und wirklich verbunden ist. Es entsteht ein schwacher Punkt, den man ruhig als ein Loch bezeichnen kann. Je mehr solcher Schwachstellen auftauchen, um so unstabiler und wackliger wird das ganze Netz.

Mit dem Netz meine ich das Menschennetz, aber auch das Energienetz, das Kraftnetz, das Lebensnetz…

Du siehst ja, Du kannst nicht einfach so, wann immer Du dazu Lust hast, aussteigen. Du kannst nicht nach Deiner Laune das Leben leben. Du hast Dich für das Leben entschieden, damit aber auch für gewisse Verantwortungen, Aufgaben und Berufungen.

Steige aus dem Gefühl, klein und unwichtig zu sein, aus und erinnere Dich an den großen Plan des Lebens, in welchem Du Deinen Platz hast.

Sei der lebendige und aktive Teil des Lebens und vergiß die kleinen Sorgen, die viel kleiner sind, als Du vielleicht gerade meinst.

Sei wieder da, wo Du gebraucht wirst – im Hier und Jetzt des Lebens!!

Sei mit Licht berührt,
Dein Bodensee
(Gleichgewichtsorgan der Erde)

PS: Durch mich und die ganze Landschaft des Sees entsteht eine große lebendige Energiesphäre, die in der Nähe von Egg in einer Lichtsäule zentriert ist. Diese Säule dehnt sich bis zur Mitte der Erde, wo sie mit anderen ebensolchen Säulen und Systemen verbunden ist.

Solche Sphären sind wie schwimmende Energieorgane um die ganze Erde verteilt, um als Gleichgewichtssysteme die ganze Erde im Gleichgewicht zu halten.

Salem, 26. März 2009

Mein lieber Mensch!

Oh, wie glücklich ich bin, Dich wiederzusehen!

Aber warum sehe ich Dein breites Lächeln nicht? ... Du lächelst, und ich sehe es nicht? Kann das sein? ... Hmmm, ich sehe es wirklich nicht. Ich kann es nicht sehen.

Lächelst Du wirklich, oder tust Du nur so, als ob Du lächeln würdest? Lächelst Du wirklich mit Deinem Herzen? Dann würde ich es nämlich sehen können. Eigentlich kann ich es nur dann sehen.

Warum kannst Du das Leben nicht einfach genießen und Dich freuen, daß Du lebst? Ist das nicht genug? Wunderst Du dich, was das mit dem Lächeln zu tun hat? Ich wünsche mir so sehr, Dich glücklich zu sehen, mein lieber Mensch.

Ich betrachte Euch Menschen und merke, daß ich immer weniger glückliche Stimmen hören kann, daß ich immer weniger herzlichem und wahrhaftigem Lachen begegne.

Für mich ist das so wie für Dich, wenn Du immer weniger Vogelgezwitscher um Dich herum hörst. Ich bekomme das Gefühl, daß das Leben mich verläßt, daß es immer weniger Leben um mich herum gibt.

Das aufgesetzte Lächeln auf Deinen Lippen berührt mich nicht, wenn das Lachen nicht Deinen Körper durchdringt. Ich kann nur das innere Lachen hören: Ich muß Dein physisches Lachen nicht hören, um Dein Herz lachen zu hören, ich kann aber Dein Lachen nicht erkennen, wenn Dein Herz nicht mitlacht.

Weißt du, was ich meine, mein geliebter Mensch?

Du mußt nicht für mich lachen, aber auf eine gewisse Art und Weise brauche ich Dein Lachen.

Es fehlt mir *sehr*, wenn ich es nicht hören kann.

Warum machst Du Dir das Leben so schwer? Warum nimmst Du das Lachen Deines Herzens nicht als Maß und tust im Leben das, was Dein Herz zum Lachen bringt, was Dich glücklich macht?

Oder tue das, was Du sowieso tust, so, daß Dein Herz dabei aufblüht und Dich zum Lachen bringt.

Lache mit mir, mein lieber Mensch. Lache so laut, daß jede Zelle des Körpers mitlacht. Lache mit mir so laut, daß es niemandem möglich wird, Deinem Lachen zu widerstehen. Lache mit mir und öffne damit die Herzen der anderen Menschen. Lache mit mir, mein lieber Mensch, und berühre die Welt. Und ohne daß Du es merken wirst, wird die Welt Dich berühren und mit Dir lachen können.

Lache mit mir, mein geliebter Mensch. Lache!!

Mit einem großen Lächeln,
Deine Niagarafälle, Buffalo/New York (USA)
(Ort einer ganz hohen Schwingung/geistigen Präsenz)

PS: Ich war für die amerikanischen Ureinwohner ein ganz bedeutendes Heiligtum. Obwohl ich heute durch massiven Tourismus sehr stark meinen Ausdruck im Äußeren verloren habe, bin ich in meinem Inneren noch immer stark mit der ursprünglichen Kraft verbunden. Sie berührt ganz tief und öffnet neue Dimensionen. Man kommt mit dem reinen Geist des Lebens in Berührung.

In mir ist hohes geistiges Potential verborgen und im Ausdruck der Natur noch immer sichtbar und präsent.

Buffalo, 23. Juni 2009

Lieber Mensch!

Was meinst Du, würde von Dir bleiben, wenn sich alles andere als die reine Essenz des Lebens auflösen würde? Hast Du eine Vorstellung? Hast Du eine Idee? Was meinst Du und vor allem, was fühlst Du?

Spür doch nach! Was ist das wahre Leben in Dir und was ist Dein wahres Gesicht?

Wenn Du ganz tief in Dich selbst hineinspürst und Dich mit Deinem eigenem Kern verbindest, was erlebst Du dann? Und noch spannender wird es zu hören, wie viel davon lebst Du in Deinem Alltag? Wie viel davon bekommen die Menschen und Deine ganze Umgebung zu spüren?

Und wenn Du in Verbindung mit dieser reinsten Essenz, die Du gerade erfahren hast, Deine eigene Aufgabe, Berufung, Rolle im Leben spürst. Was bist Du und wer bist Du wirklich?

Wenn Du das ganz ehrlich anschaust, wirst Du wahrscheinlich merken, daß noch viel mehr in Dir steckt. Es ist viel mehr in Dir präsent als das, was Du nach außen zeigst und lebst.

Warum? Wo bleibt es liegen, wo bleibt es stecken?

Es zählt nur das, was mit der Essenz des Lebens verbunden ist, was das wahre Leben ist. Du kannst Dir mal überlegen, wie viel von Deinem Leben wirklich wahrhaftig ist. Du kannst nachspüren, wie viel von der Zeit Deines Lebens Du wahrhaftig bist und damit auch wirklich im Dienst des Lebens.

Du kannst Dir aber auch sehr ehrlich anschauen, wie viel von Deiner Zeit und Kraft Du für die Sachen verwendest, die eigentlich leer und ohne wirkliche Bedeutung sind, weil sie nicht mit Deiner Wahrheit im Einklang sind und damit nicht aus der Essenz des Lebens wirken. Das nämlich heißt, daß sie im Grunde genommen »heiße Luft« sind, wie man so schön sagt. Es zählt nur das, was mit der Essenz des Lebens verbunden ist!!

Es ist sehr spannend, Euch Menschen zu betrachten, weil Ihr ständig etwas macht und tut, aber eigentlich seid Ihr oft auf alles andere als auf das Wesentliche konzentriert. Damit ist vieles von dem, was Ihr macht und tut, leer und dient nur Eurer Befriedigung. Es wäre das gleiche, wenn Ihr es nicht gemacht hättet.

Ich weiß, das klingt brutal und unfair und unwirklich, aber wenn Ihr ganz ehrlich seid und es ganz genau anschaut, ist es doch so.

Meistens ist das, was nicht wirklich das Leben ist, gegen das Leben gerichtet.

Spüre gut in Dich hinein, Mensch, und Du wirst erkennen können, wie viel in Dir gegen das Leben und nicht für Dich, für das Leben, spielt.

Sei, wer Du wirklich bist, und Du wirst das Leben unterstützen können. Sei, wer Du wirklich bist, und das Leben wird Dich unterstützen können.

Aus der Tiefe,
Dein Kaiserstuhl
(Erholungs- und Erneuerungsort der Erde)

PS: Ich habe die Ehre, eine ganz besondere Rolle zu spielen. Ich halte und trage die reine Essenz des Lebens und ermögliche damit, daß sich die Erde hier immer wieder umstülpen kann. Die Erde kehrt sich in mich hinein, um wieder neu ausgeatmet zu werden.

Bötzingen, 8. Mai 2009

Mein lieber Mensch,

wundere Dich nicht, wenn ich Dich traurig anschaue. Wundere Dich nicht, wenn ich Dir gesichtslos vorkomme. Wundere Dich nicht, wenn ich durch Dich schaue. Wundere Dich nicht, wenn ich nicht wirklich ansprechbar bin. Wundere Dich nicht, wenn ich in die Weite starre und wie taub aussehe. Wundere Dich nicht...

In meinem Inneren bin ich noch immer lebendig, ausdrucksvoll und präsent. In meinem Kern lebt noch immer die wahre Kraft. Ich bin nur im Außen stumm geworden, weil ich keine Möglichkeit mehr habe, meinem Sein einen Ausdruck zu verleihen.

Ich wurde so brutal verändert, verdreht, vergewaltigt... daß ich nicht mehr mein eigenes Gesicht habe. Stell Dir vor, Du würdest Dein wahres Gesicht verlieren und würdest plötzlich gezwungen sein, jemand anderes zu sein als der, der Du wirklich bist. Stell Dir vor, Dein Körper würde so stark deformiert, verzerrt, verletzt und entfremdet, daß Du nicht mehr Dein Körper sein könntest – daß Du nicht mehr der wärst, der Dein Körper ist. Weißt Du, was ich meine? Kannst Du Dir das vorstellen? Wie würdest Du Dich fühlen?

Wie ist es, jemand zu sein, der man gar nicht ist? Wie lebt man ein eigenes Leben in einem Leben von jemand anderem? Wie kann ich sein, wenn ich nicht die sein darf, die ich bin? Wie kannst Du sein, wenn Du nicht Du sein darfst? ... Was ist dann das wahre Gesicht? Was ist die wirkliche Wahrheit und was ist die Realität? Irgendwann wird man in einer solchen Situation so verwirrt, daß man diese Fragen kaum noch beantworten kann.

Ich frage Dich, weil ich das Gefühl habe, daß Du mehr Erfahrungen damit hast – daß Du gewohnt bist, mehrere Gesichter, mehrere Leben zu leben; dazu oft die Leben und Wahrheiten, die gar nicht Deine sind.

Wenn Du mich in meinem Kern sehen könntest, wenn Du mich in meinem wahren Sein berühren könntest, wenn Du meine wahre Natur erkennen könntest, dann wäre ich gerettet.

Wenn Du mir, mein lieber Mensch, im wahren Sein begegnen kannst, dann bin ich wieder mit meinem Leben verbunden. Aber dafür solltest Du in Deinem wahren Sein leben.

Nur ein wahres Gesicht kann das wahre Gesicht erkennen und erwecken.

Laß die Projektionen los, weil die am meisten verletzen und schmerzen. Vergiß Deine fest eingefahrenen Vorstellungen und sei für einen Augenblick, wer Du wirklich bist. Kontrolliere Dich nicht und erlaube Dir einfach zu sein.

Aus tiefstem Herzen,
Dein Südflorida (USA)
(das Erdungssystem für Nordamerika)

PS: Ich bin durch die starke Kontrolle des Wassers absolut verändert. Ich wurde aus einer wilden Wasserlandschaft zu landwirtschaftlich genutztem Kulturland gemacht.

Ich bin die Landschaft, die den Raum für das ganze Erdungssystem trägt. Drei Lichtsäulen bilden ein Dreieck, die mit der mittleren Säule noch zusätzlich verbunden und verankert sind.

Nepals, 14. März 2010

Meine lieben Menschen,

ich versuche, durch Euch die Qualität der Zeit zu begreifen. Was bedeutet es, in der Zeit zu stehen und durch die Zeit zu leben? Ist die Zeit wirklich nur der Rahmen für Euer Leben, oder hat sie sich für Euch schon zu einer Begrenzung ausgewachsen?

Ich betrachte Euch schon *sehr* lange, und ich merke dabei, wie unfrei Ihr genau wegen der Zeit geworden seid. Seit Ihr Euer Leben so stark an den Zeitraum gebunden habt, benehmt Ihr Euch, als wenn Ihr verfolgt werdet. Aber ich kann niemanden sehen, der Euch folgt oder Euch sogar bedroht? Wo ist Eure Ruhe geblieben, meine lieben Menschen?

Ihr seid gehetzt, und ich habe das Gefühl, daß Ihr gar nicht mehr präsent seid. Das ist ein echter Unsinn! Die Zeit existiert ja eigentlich gar nicht – sie ist ein Produkt Eurer Fantasie. Sie wurde erfunden, um das Leben zu kontrollieren und nicht, um die Freiheit zu fördern. Das kann ich Euch sagen, wenn ich Euch anschaue.

Doch wie kann es sein, daß Ihr Euch so stark von diesem Zeitgespenst beeinflussen laßt? Da ich nicht an Euren Zeitrahmen gebunden bin, kommt mir Eure Zeitbegrenzung manchmal echt lächerlich vor. Ihr benehmt Euch dadurch nämlich so klein und gar nicht Eurem Geist gemäß.

Merkt Ihr nicht, daß Ihr dadurch den weiten Blick verliert, daß Ihr nicht mehr in der Lage seid, mit dem großen Ganzen verbunden zu sein, und daß Ihr gar nicht mehr beziehungsfähig seid?

Die Bindung an die Zeit und den Raum entsteht eigentlich durch die enge Verbindung mit der Materie. Das heißt aber eher, präsenter zu sein, und gar nicht, im »Space« verloren zu sein. Aber wenn ich Euch anschaue, dann sehe ich, wie Euch das Gefühl der Zeit aus dem eigenen Körper treibt. Ihr verliert oft regelrecht den Boden dadurch.

Nutzt die Kraft des Präsentseins, weil Ihr nur dann Euer Potential entfalten könnt. Bewahrt die Ruhe, weil Ihr nur dann in Eurer Mitte sein könnt. Und ich kann Euch sagen, daß es für mich sehr schmerzhaft ist, wenn ich Euch unzentriert sehe, weil Ihr Euch zu unberührbaren Geistern und verlorenen Gespenstern entwickelt.

In der Zeit zu leben, ist aber im Grunde genommen eine große Qualität. Das gibt Euch den Zugang in die materielle Welt. Allerdings nur dann, wenn Ihr frei seid.

Steigt aus dem Gespenst der Zeit, um in der Zeit anzukommen, meine lieben Menschen.

Macht Euch von den Zeitregeln frei, um die Kraft der Zeit begreifen zu können.

Statt Euch von der Zeit nutzen zu lassen, nutzt die Zeit und seid frei.

Aus der Ewigkeit zu Euch,
Euer Olivenbaum (Sardinien)
(etwa 3800 Jahre alt)

PS: Ich stehe wie ein Lebensträger und halte den Ursprung des Lebens. Ich tue nichts, sondern ich bin. Ich schaffe nichts, sondern ich lebe. Ich betrachte nicht, sondern ich bin ein Teil des Lebens. Ich bin, und dadurch lebe ich in der Ewigkeit.

Washington, 16. Mai 2011

Ach, meine geliebte Menschheit,

Ihr glaubt, daß die Erde wütend ist, daß wir auf Euch wütend sind? Ihr denkt, daß wir alle zornig auf Euch sind und nach Möglichkeiten suchen, Euch eins auszuwischen, weil Ihr seid, wie Ihr seid? ... Ha-ha-ha. So ein Quatsch! Entschuldigung, aber...

Aber bitte, wie sollte das überhaupt gehen? Wie könnte die Erde wütend sein? Das geht gar nicht!

Die Erde kann nicht wütend sein. Die Landschaft kennt überhaupt keinen Zorn. Die Naturwesen kennen keine Rache, und das Licht kann sich aus Wut auch nicht verdunkeln! Wie stellt Ihr Euch so was überhaupt vor?

All das sind Eure eigenen Projektionen, ist Eure eigene Wut, Angst, Verzweiflung und Verwirrung.

Wir lieben Euch!

Wir lieben Euch! Ja, wir lieben Euch alle! Wir lieben Euch, so wie Ihr seid, weil Ihr es seid!!!

Klar, es ist nicht einfach, Euch durch alle Verwirrungen, durch das verlorene Bewußtsein, durch die vergessene Identität usw. noch wahrzunehmen und zu erkennen. Und doch ergibt sich dadurch noch kein Grund, Euch aufzugeben, Euch zu verstoßen.

Mit aller möglichen Güte und Liebe halten wir Euch weiter den Raum, daß Ihr Euren Kram... Entschuldigung,... Euren Weg der Erkenntnis gehen könnt.

Es gibt keinen Grund für Wut. Alles, was geschieht, ist wichtig und richtig. Jeder Schritt ist ein weiterer Schritt. Wie sollten wir dann ungeduldig mit Euch sein?

Was Ihr vielleicht als Wut erlebt, ist unsere Konsequenz. Wir warten nicht, sondern tun das, was für den weiteren Prozeß wichtig ist: Wir warten nicht mit der Erdwandlung, sondern bleiben konsequent und führen die benötigten Veränderungen durch, ob Ihr mitmacht oder nicht. Aber dahinter steht kein bißchen Wut oder Rache.

Ihr seid unsere geliebten Kinder des Lichtes, und wir lieben Euch!

Vergeßt Euren Zorn und seid das Licht. Vergeßt das Licht und seid einfach.

Für immer
Dein Mnajdra-Tempel (Malta)
(Eingang in die reine Herzenswelt)

PS: Ich bin ein megalithischer Tempel aus der Jungsteinzeit.

Ich bin ein Portal in das reine Licht des Herzens, in die Kraft des ewigen Seins, in das Licht der endlosen Eins.

Auf energetischer Ebene bin ich ein ganz starkes Herzzentrum, das mit vielen anderen Aspekten dieses Portal ermöglicht.

Ich halte einen Übergang, den man nur erleben kann, wenn man mit offenem Herzen und reiner Absicht hinzutritt.

Sempas, 3. Dezember 2009

Danksagung

Ich möchte mich bei meinen Eltern bedanken, die mich bedingungslos bei allen meinen Schritten unterstützen.

Tiefe Dankbarkeit strahlt an alle meine liebe Freunde und Seminarteilnehmer, durch welche ich in den letzten Jahren an so viele unterschiedliche Orte gekommen bin.

Tiefen Dank geht an lieben Freund Jörg Fricke, der mit viel Geduld geholfen hat, mein Deutsch zu verbessern.

Danke dem Team von Neue Erde für seine Hingabe.

Über die Autorin

Ana Pogačnik wurde 1973 in Slowenien geboren.

Erst hat sie ihr Leben dem Klavier gewidmet, danach Archäologie studiert.

Seit den 1990er Jahren empfängt sie unterschiedliche Botschaften aus dem Engelsozean. Ein Teil davon wurde auch auf deutsch veröffentlicht (»Das Licht des Herzens« 1997 und »Das Herz so weit« 2004).

Sieben Jahre hat sie sehr eng mit ihrem Vater Marko Pogačnik gearbeitet und mit den empfangenen Botschaften an seinen Projekten mitgewirkt. 1999 hat sie begonnen, eigenständige Vorträge und Seminare anzuhalten.

Seit dem Jahr 2002 leitet sie Ausbildungen im Rahmen der eigens dafür gegründeten Schule (Schule »Wieder sehen«) in Deutschland, in der Schweiz, in Slowenien, in Kanada und in den USA.

Mehr unter: www.ana-pogacnik.com

Bücher von NEUE ERDE im Buchhandel
Im deutschen Buchhandel gibt es mancherorts Lieferschwierigkeiten bei den Büchern von NEUE ERDE. Dann wird Ihnen gesagt, dieses oder jenes Buch sei vergriffen. Oft ist das gar nicht der Fall, sondern in der Buchhandlung wird nur im Katalog des Großhändlers nachgeschaut. Der führt aber allenfalls 50% aller lieferbaren Bücher. Deshalb: Lassen Sie immer im VLB (Verzeichnis lieferbarer Bücher) nachsehen, im Internet unter **www.buchhandel.de**

Alle lieferbaren Titel des Verlags sind für den Buchhandel verfügbar.

Sie finden unsere Bücher in Ihrer Buchhandlung oder im Internet unter **www.neue-erde.de**

Bücher suchen unter: **www.buchhandel.de**. (Hier finden Sie alle lieferbaren Bücher und eine Bestellmöglichkeit über eine Buchhandlung Ihrer Wahl.)

Bitte fordern Sie unser Gesamtverzeichnis an unter

NEUE ERDE GmbH
Cecilienstr. 29 · 66111 Saarbrücken
Fax: 0681 390 41 02 · info@neue-erde.de

NEUE ERDE